封印された日本の秘境

鹿取茂雄

彩図社

はじめに

秘境と聞いて、何を想像するだろうか。

人里はなれた山奥に存在する絶景、未知・未開の地、穴場の観光地……。

何をもって秘境と呼ぶかは、人によってそれぞれ違うだろう。「過去に人類が一歩も足を踏み入れていない場所」と主張する人もいれば、「比較的観光客が少なくて見応えのある観光地」と解釈する人もいる。

最近〝秘境〟という言葉をよく耳にするようになった。普通の観光地でも秘境と銘打ったり、〝秘境駅〟という造語も登場した。それに伴い、〝秘境〟という言葉の意味が、軽くなってしまった気がする。

私にとっての秘境とは、多くの人が知らないか、あるいは行こうと思わないため訪問者が少なく、かつ胸をおどらせるような絶景があったり、心に残る体験ができる場所だ。

そして、最大のポイントは、行こうとさえ思えば、誰でも簡単に行くことができること。登山や潜水などの特別な装備やスキルを必要とせず、誰でも気軽に行くことができる。それなのに、人がいない。そんな場所こそが、本当の秘境だと思っている。

本書では、全国各地に存在するおびただしい数の秘境の中から、私の独断で本当の秘境だと思う場所を11箇所選定し、訪問している。全国的に名を馳せている観光地から、全く耳にしたことのない場所まで、ジャンルも様々だ。

自然の織り成す絶景を独り占めできる峡谷、命がけのスリル体験が味わえる場所、かつて人が築いた建造物が自然と一体となりつつある光景など。そんな秘境に、より秘境らしさが味わえる季節に訪れた。

普通の観光地であっても、積雪のある冬場になると、人の姿は極端に少なくなる。山間部であれば、夏場に生い茂る草木を掻き分けたほうが、気分は盛り上がる。

もう一つ大切なのは、訪れる時間だ。雪の積もらない観光地なら、真冬でも何人かの観光客とすれ違う。しかし、日の出と共に訪問すれば、まず人と出くわすことがない。季節と時間を選んで訪問することで、絶景を独り占めし、より秘境らしさを堪能することができるのだ。

本文中では、秘境についての楽しみ方についても触れている。これを見て、少しでも秘境に行ってみたいと思っていただければ幸いだ。

秘境に行くために、わざわざ遠方まで足を伸ばす必要はない。あなたの近くにも、まだ知らないだけで、きっと秘境が存在している。まずは、それを見つけ出すことから始めてはいかがだろうか。

そして、秘境を見つけた時の喜びを感じて欲しい。そうすれば、あなたも間違いなく秘境の魅力に取り憑かれるだろう。

鹿取茂雄

もくじ

2章 人の気配が残る秘境

3章 命がけの秘境探検

1章　深い緑に覆われた秘境

【秘境.01】京都府南丹市

芦生の森

【知られざる巨大原生林】

京都府と福井県・滋賀県の県境の由良川源流に存在する、大規模な天然林。学術研究のために生態系が保全されており、正式名称は京都大学フィールド科学教育研究センター森林ステーション芦生研究林。関西圏に残る貴重な原生林で、要件を満たし、手続きさえ行えば誰でも入ることができる。ハイカーたちからは〝芦生の森〟の名で親しまれている。

◆許可がなければ入れない森

あまり知られていないが、京都府と福井県、滋賀県の県境付近に、約4200ヘクタールにも及ぶ大規模な天然林が存在する。通称〝芦生《あしう》の森〟と呼ばれ、日本に残る数少ない原生林として、一部のハイカーたちに親しまれている。

なぜあまり知られていないのかというと、一般人が無断で立ち入ることができない、研究林だからだ。正式名は〝京都大学フィールド科学教育研究センター森林ステーション芦生研究林〟という非常に長い名前で、京都大学が所有している。

大学がこれほどまでに広大な土地を所有することになった経緯は、大正10年（1921年）まで遡《さかのぼ》る。

同年、京都大学は学術・研究利用の目的で、9つの字《あざ》と99年間の地上権賃貸契約を結んだ。研究利用とはいうものの、4200ヘクタールもの土地をフルに研究利用することなどあり得ない話で、実際には伐採した木材や加工した木炭を売却し、大学の財源にもなっていた。それでも、手をつけたのは約半分の2000ヘクタールほどで、残りは完全な原生林として今も残っている。

広大な天然林には、今ではほとんど見られなくなった昔ながらの生態系が残っており、植生や生物の研究の場として重宝されている。

日本に残る貴重な天然林ではあるが、ハイカーでもない私がなぜこの森に興味を持ったのかというと、揚水ダム建設計画をきっかけとする問題があったからだ。

芦生の森は経済産業省によって文化遺産に指定されている。

山の中に揚水発電所を造るとなると、２つのダムが必要になる。夜間に水を貯めておく上部ダムと、昼間に放流した水を貯めておく下部ダムだ。水は、この２つのダムを行ったり来たりすることになる。

１９６０年代に持ち上がった当初の計画では、由良川の上流、京都府の芦生の森に上部ダムを造り、三国峠を隔てた下流側の福井県名田庄《なだしょう》村に下部ダムが建設される予定だった。しかし、原生林を削ってダムを建設するという計画に、京都大学や地元住民が猛反発し、着工は見送られた。

１９８０年代になって、凍結されていたダム計画が再び持ち上がり、地元も誘致を進める推進派と反対派の二派に分かれ、争いを繰り広げた。

名田庄村では永谷、出合《であい》、挙原《あげはら》の3集落が水没予定地となり、多くの世帯が転居を余儀なくされた。永谷集落では反対派の住民が最後まで闘ったが、1985年、ついに廃村となった。しかし、その後の広域的な反対運動の盛り上がりや自然保護の観点から、ダム計画は再び白紙に戻された。

平和そのものであった村を争いの場に変え、そして廃村に追い込んだダム計画。多くの人々が翻弄され、人生を狂わされたが、結局ダムが建設されることはなかった。

◆廃村に眠っていた宝物

名田庄村の廃村3集落が廃村になった経緯を調べていて、揚水ダム計画と芦生の森の存在を知り、行ってみたくなった。

ある晴れた秋の日、名田庄の廃村を再訪する際に、芦生の森にも足を伸ばす計画を立てた。早朝と言うにも早い深夜3時、同行するメンバーとおち合い、岐阜を出発した。

下道をひた走って名田庄についたのは、午前7時だった。ちょうど日の上がった時間で、

廃村・名田庄。私にとっては見所の宝庫でもある。

秋の1日をフル活用するにはいい時間だ。

ここ名田庄は、久田川に沿って民家が点在し、かつては9世帯が暮らしていた。たった9世帯ではあるが、神社とお寺があり、公園も整備されていた。

私は集落を通過した場所に車を置き、歩いて戻るような形で探索を開始した。こうした廃村では、否が応でも住居の廃屋にお邪魔することになる。個人宅の廃屋に入る時は、ホテルや工場の廃墟に入る時にはない罪悪感を感じる。

もちろん、状態がよければ靴を脱いで上がるところだが、逆にそんな小綺麗な廃屋には入ろうと思わない。特に田舎の集落では、先祖代々そこで暮らしている家が多く、時代を感じさせる建物やレトロな残留物など、見所が多い。

名田庄の廃屋にお邪魔すると、残留物に見入ってしまい、過去には一軒で数時間を過ごしたこともあった。

今回は午後に芦生の森が控えているため、抑え気味で廃屋を見て回る。とはいえ、大正時代の新聞や戦前の土地の権利書なんかが見つかると、ついつい長居してしまう。

長持の底に敷かれていた大正3年の新聞には、懸賞の募集が載っていた。注目すべき商品は、四等・上等メリンス風呂敷、二等・欧米新形美術置時計などとあり、一等はなんと、十八金賓石入指輪だった。そのほか、大正時代の市況や、明治時代の四コママンガなど、読んでいたら本当にキリがない。

後ろ髪引かれながらも切り上げて、川沿いの一本道を下流側に進んでいくと、左手にお寺と神社が並んでいる。双方とも廃村の際に正式に移転したようだが、お寺の中には仏具が散乱し、神社には狛犬が鎮座している。

今回、神社の内部をくまなく捜索していた時、思いがけないものを発見した。〝寛政九年　愛岩山　大工長兵衛作〟と書かれた木の板だった。寛政九年ということは、西暦1797年。なんと、今から200年以上も前ということになる。

なぜ、これほど古い物が現存しているのか。気になってよく見ると、所々木の板から釘が飛び出しており、最近まで箱の状態になっていたようだ。

パズルを組み立ててみると、開口部のない木箱になり、文字が書かれていたのは箱の内側だった。それが２００年の時を経て、偶然木箱が朽ちて開き、私は長兵衛という職人さんを知った。そして、２００年もの時を耐えてきた長兵衛さんの文字は、近いうちに風化し、消えてしまうだろう。箱の内側に書き残した当時の職人さんの粋な姿に、思わずため息が漏れた。

いずれ消えゆくだろう長兵衛さんの筆跡を、ささやかながらここに留めておく。

わずか9世帯だというのに、過去に来たことがあるというのに、既に4時間が経過していた。

余すところは、川の向こう側にある一軒のお宅だけだった。川を渡る橋は既に朽ちており、訪問するには川の中を横切るしかない。過去にも訪問しているので今回は諦めてもよかったのだが、どうしても行っておきたい事情があった。

車に戻って長靴を取って来てもいいのだが、秋の風が心地よかったため、裸足で川に入ることにした。

30年前に我が家を追われた人々の声がこんな形で残っている。

靴下を脱いで川に入ると、思いのほか水が冷たく、寒さに震えながら、やっぱり長靴を取って来るべきだったと後悔した。水深は30センチほどだが水流は早く、川底には苔が生えていて滑りやすい。

こんなところでこけたら、着替えなんて持っていないし、カメラは水没するしで、ダメージは計り知れない。恐る恐る、ゆっくりと着実に進み、対岸へと渡った。そこには手書きの看板が掲げられていた。

〝部落を割る関電電発に絶対反対〟

これが、どうしても訪れたい理由だった。この集落の歴史を、如実にあらわしている。

30年前、この家の住人は、どのような思いでこの看板を作り、掲げたのだろうか。そして、結局は村を去り、建設されなかった揚水ダムのことを、どう思っているのだろうか。

囲炉裏のある素敵な古民家を足早に見学し、次の目的地・芦生の森へと向かった。

◆廃線をたどって森の奥へ

名田庄と芦生の森は隣り合っているが、芦生の森の入口は三国岳を隔てた京都府側にしかない。直線距離にすれば10キロほどだが、大幅に迂回する必要があり、50キロは走らなければならない。

芦生の森がただの森だったら、名田庄から直接入ってしまえばいいのだが、なにぶん京都大学の演習林である。入るためには手続きが必要で、事務所がある一箇所の入口からしか入林が認められていない。これは、あまりに多くの行楽客が押し寄せると植生が乱されてしまうための措置だ。

また、遭難事故を防止するため、1人での入林も禁止されている。芦生の森では、毎年2～5人、多い年で10人もの死者が出ている。その多くは単独での入林者で、京都大学のホームページでも〝ここに再度警告します。ご自分の命を大切になさって下さい！〟と、強く注意喚起がなされている。

車を走らせていると、いよいよ演習林の入口に到着した。既に午後1時を回っていたので、早速入林手続きを済ませ、京都大学の敷地内へと入った。

事前に得た情報によると、かつて材木や木炭等を運んでいた森林鉄道の軌道跡が残って

線路の始点。ここから森の中に続いていた。

いるらしい。レールの上を歩いてみるのも面白そうだ。

明確な地図もなく、レールを見つけられるか不安だったが、大学の事務所の前を通り過ぎると、すぐにトロッコが見つかった。ここから森の中へレールが続いており、延々とそれに沿って歩いて行ける。

森の中で日没を迎えると、それこそ遭難してしまうので、4時間後の午後5時には退出することとし、片道2時間で行ける所まで歩いてみることにした。鉄橋で川を渡ると、いよいよ森の中へと入った。

素人眼にはただの森にしか見えないが、木々が鬱蒼としていて、真昼なのに薄暗い。

その時、後方から何やらエンジン音らしきものが聞こえてきた。みんなが一斉に振り返ると、郵便局の配達バイクがこちらに向かってきている。鉄道のレールの間を平然と疾走している姿に一堂唖然とし、赤いスーパーカブを見送った。

気を取り直して歩いていると、今度は前方から先ほどのスーパーカブが戻ってきた。二

我々の心を奪ったスーパーカブ。線路は半ば土に埋もれているので意外と走りやすそうだ。

度目なので、今度こそぬかりはない。全員が一斉にカメラを向ける。我々も驚いたが、写真を撮られまくった郵便局員も、さぞや驚いたことだろう。

そうこうしていると、前方に民家が見えてきた。かつては大学の演習林内に複数の民家が存在し、集落もあったが、今ではこの一軒だけになってしまった。民家の屋根には、パラボラアンテナも見える。先ほどの郵便局員は、このお宅に郵便物を届けに行っていたのだろう。

鉄道の軌道跡というのは等間隔に枕木が敷かれていて、歩幅が合わないと歩きにくい。そのため、つい足元ばかりに気を取られてしまう。せっかく天然林に来たというのに、足元しか見ていないようでは話にならないので、意識して上下左右の景色を見渡すようにし、足元にも気をつけながら進む。

しばらく歩いていると、足元のレールが枝分かれしている場所があった。鉄道のポイント（分岐）だ。

わずかな区間ではあるが複線になっていて、どうやら駅があったように見える。往時はここで対向列車との行き違いをしていたのだろう。

ちょうど駅があったと思われる場所に、案内板が立っていた。それによると、この一帯には灰野という集落があり、昭和35年に廃村になったという。当時、灰野が由良川最上流の集落で、山仕事やヤマメ釣りによって生計を立てていたようだ。今となっては廃屋なども残っておらず、苔むした石積みだけが、当時の面影を僅かに残している。

そこから10分ほど歩くと、線路脇にトチの巨木が横たわっていた。その巨木には、びっしりとなめこが生えている。かわいいなめこを眺めながら、5分ほどの小休止を取った。みんななめこに夢中で、思い思いになめこにカメラを向けている。

なめこの巨木のかたわらに、灰野神社の祠が隠れるように存在していた。鳥居もあるというのに全員が気付かず、危うくスルーするところだった。なめこに夢中になりすぎていたようだ。ともあれ、道中の無事を祈願し、先へ向かった。

土台は水に流されてしまったのだろうか。レールの一部だけが空中に残っていた。

◆自然の中に鎮座する強敵

そろそろ歩き始めて1時間になるが、時おり美しい紅葉を眺めているせいか、全く疲れなかった。

由良川の起点を過ぎると軌道上も荒れ始め、倒木や土砂崩れが目に付くようになった。そして、線路が川を横切る箇所で軌道は完全に崩壊していた。レールだけがぶらぶらと浮いた状態で、崩れ落ちた枕木は苔に飲み込まれている。崩落から相当な年月が経過しているようだ。

幸い、水深は浅く川幅も短いため、先人が造ったと思われる簡易な橋により迂回することができた。

崩壊区間を越えて軌道敷に戻り、さらに進

む。歩き始めて1時間半で、小ヨモギ谷という場所に着いた。この辺りは一面のケヤキ林になっており、今までとは全く違った景色で、眺めは最高だった。

事前の情報では、ここに使っていない作業小屋があるということで、ひょっとしたら廃屋ではないかと期待していた。そして、その廃屋の調査をして引き返そうと思っていた。しかし、小屋らしきものは、全く見当たらない。大きなイチョウの樹のかたわらに、家屋を解体したような木材が山積みにされていた。残念ながら、作業小屋は解体されたか、あるいは自然崩壊してしまったようだ。

せっかく歩いてきたのに何のイベントもないまま引き返すというのも、メンバーを引き連れてきた手前、気が引ける。何か考えねばと思い、とりあえず休憩タイムにし、策を練ることにした。

あるウェブサイトの情報によると、この先、軌道上に大きな落石が鎮座しているという。かなり以前からずっとそのままになっているようで、「これを動かせる力持ちがいまだに通りかかっていないのであろう」と、挑発的な一文で締め括られていた。

それを読んだ瞬間、「これだ！」と思った。そして、苦肉の策として急遽打ち出された緊急企画「巨大な落石を動かし〝力持ち〟になろう」プロジェクトが始動した。

そうと決まれば、おちおちと休憩などしている場合ではない。限られた情報と時間の中で、とにかく現場に行ってみるしかなかった。

小ヨモギ谷から約20分で、問題の現場に差しかかった。前方に見えてきた落石は、想像よりも一回りも二回りも大きく見える。そして、ついに落石の元に近寄るのだが……。

「これ、絶対ムリ！」

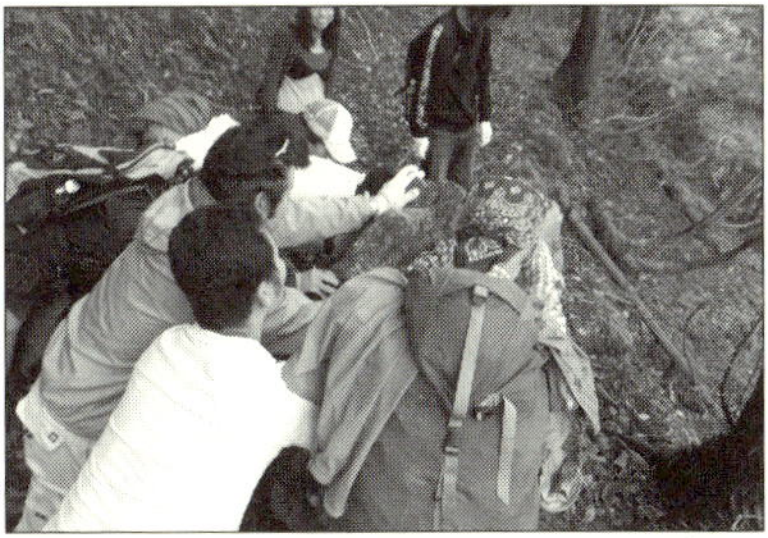

うわさの石を６人がかりで押してみたが、びくともしなかった。

直径１メートル、高さ１・５メートルほどの巨石が、地面に突き刺さっている。その下敷きになったレールは簡単にグニャっと曲がり、テコの原理で浮き上がってしまっている。

天然石の比重はだいたい２・６トン／㎥ぐらいなので、落石の重量はざっと３トン。地面に突き刺さっている分も考えると、４トンぐらいはあるかもしれない。これを持ち上げられる力持ちなんて、通りがかるわけがない。万が一持ち上げることができたとしても、それを谷に投げ捨てようものなら、危険極まりない。

見た瞬間、絶望感に打ちひしがれたが、せっかく来たのだから挑戦しておこう。気を取り直して、石に手をかける。男6人がかりで渾身の力を込めて懸命に押した。

石は僅かにグラついたが、1ミリたりとも移動させることはできなかった。こうして、苦し紛れに考えた緊急企画は、あっけなく幕を閉じた。

一部の人たちの間で、「次来る時はワイヤーとレンチと滑車とジャッキと……」「いや、ドリルとTNTと信管のほうが……」などと、既にリベンジの話が具体的に挙がっている。しかし、どの方法も天然林内で行うのにふさわしくないし、一部は法律的にどうなんだという内容も聞こえてくる。

発破は確実にまずいだろう。冗談であって欲しいが、メンバー的にあながち冗談であるとも言い切れない。もしも再訪しようという話が持ち上がったら、私はとりあえず急病になろう。


日没の時間を気にしながら、帰路についた。

来た道と同じ道で帰るため、特に立ち止まることもないと思っていたが、事件はなめこの生えるトチの巨木で発生した。なんと、あれだけ愛らしかったなめこたちが、根こそぎなくなっていたのだ。びっしりと生えていたなめこが、苔ごと剥ぎ取られ、一部は地面に散乱していた。

ここは大学の演習林内で、植物の採取はもちろん、損傷させることも禁じられている。なめこ汁にでもしたかったのかもしれないが、これはあまりにも酷い。人様の土地に入らせていただいているにも関わらず、恩を仇で返す蛮行は、決して許されるものではない。

最後の最後で嫌な気持ちになってしまったが、芦生の森の紅葉は鮮やかで、日光を遮る天然林の木々の下では、美しい自然の姿を垣間見ることができた。それに比べ、人間のやることはいかに幼稚で浅はかなのだろうか。

先人が作ってくれた簡素ながらも貴重な橋を渡る。

午後5時、車まで戻ったところで現地解散し、家路についた。ずっと走り続けても自宅に着くのは夜の9時。午前3時から午後9時まで、18時間に及ぶ耐久レースのような1日は、こうして幕を閉じた。

ダム計画になめこ事件と、なんだか人間の所業について色々と考えさせられる1日だった。

【秘境.02】愛媛県新居浜市

別子銅山

【山奥に残る歴史の始点】

別子銅山は、１６９０年に採掘を開始した金属鉱山で、かつては足尾・日立と並ぶ〝日本三大銅山〟の一つに数えられ、国内シェアの３割を占めていた。また、旧財閥の住友発展の地としても知られ、１９７３年に閉山するまでの約３００年間にわたり、住友が採掘を続けていた。

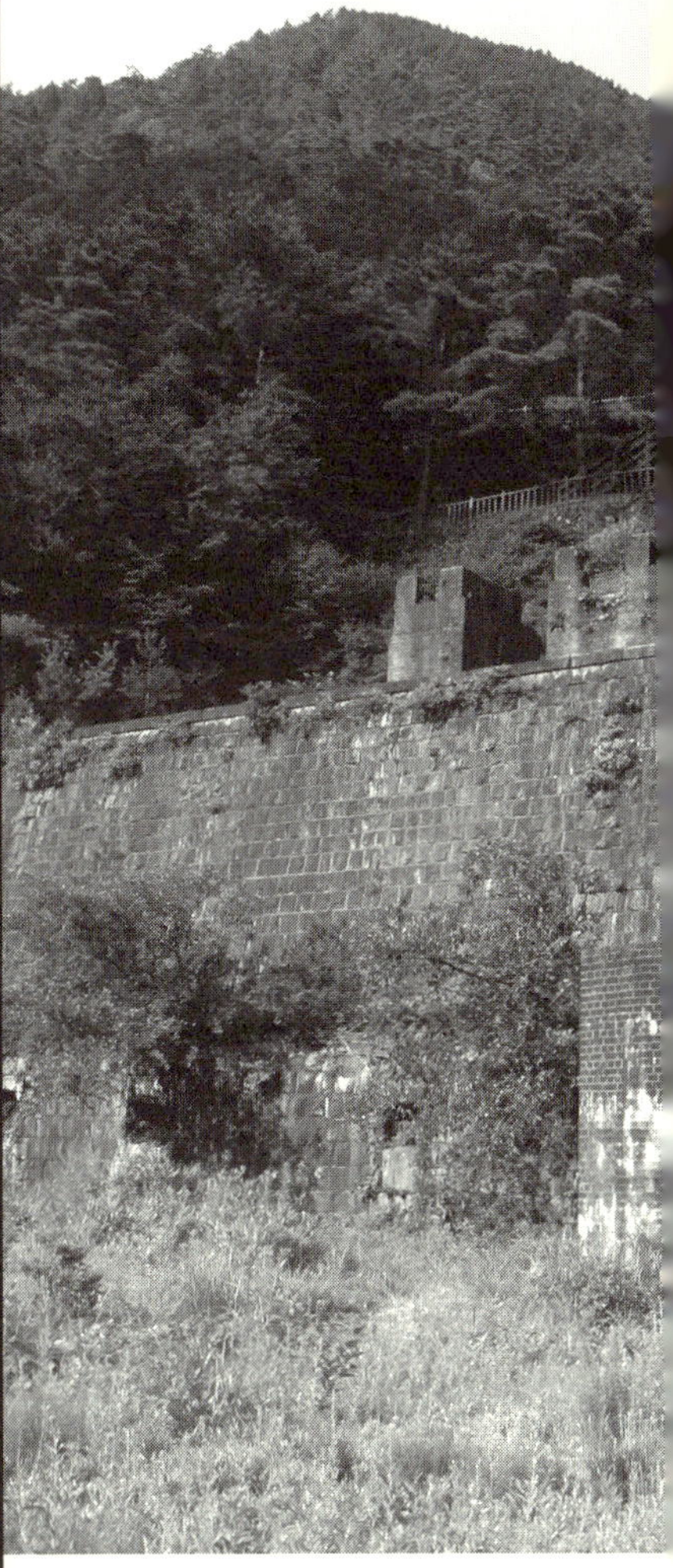

◆大財閥の基盤を作った銅山

別子銅山は、かつては足尾・日立と並ぶ〝日本三大銅山〟の一つに数えられ、国内シェアの三割を占めていた。また、旧財閥の住友発展の地としても知られ、1973年に閉山するまでの約300年間にわたり、住友が採掘を続けていた。

閉山から既に30年ほどになるが、鉱山の歴史を後世に残そうと、鉱山観光施設も建てられている。300年の歴史の中で銅山は変遷を繰り返し、非常に広いエリアに色々な施設の跡が点在している。

別子銅山はおおまかに、旧別子・東平《とうなる》・端出場《はでば》・惣開《そうびらき》・四阪島《しさかじま》の各地域に分けられる。なぜこれだけ多くのエリアがあるのかというと、鉱脈を掘りつくすごとに拠点を移動し、また、選鉱・精錬技術が向上すると共に、その都度工場を移転してきたからだ。

そんな別子銅山の中でも最も歴史が古く、秘境と呼ぶのにふさわしいのが、旧別子地区だ。別子銅山で最初に掘られた坑道〝歓喜坑〟をはじめ、大斜坑や精錬所跡など、数多くの遺構が残されている。

1690年の開坑から鉱山の拠点が東平に移る1916年までの226年間にわたり、鉱石の採掘・選鉱・精錬が行われ、多くの人々が暮らしていた。

廃止から1世紀近くが経過し、さすがに建物は残っていないが、レンガの外壁や石垣等の遺構が残っており、住友財閥発展の地として、今でも住友の手で整備・保存されている。マイントピア別子のある端出場地区から約20キロも奥まった場所にあるため、観光に訪れる人の姿もまばらで、まさに秘境の名にふさわしい。

きれいに整備された登山道入り口。当然ながら火気は厳禁だ。

今回、この旧別子エリアに的を絞り、年末の休みを利用して訪れることにした。1人では不安があるため、趣味仲間のとらさんを連行することにした。

前夜、私は会社の忘年会、とらさんは夜11時近くまで残業しており、夜通し走って別子ダム近くの登山道入り口に着いたのは、翌朝7時過ぎだった。ここが、旧別子地区への入り口となる。

数日前から強力な寒波が居座っている影響で、ここに来る途中、路面の積雪が凍っており、何度かハンドルを取られそうになった。四国は温暖なイメージがあるが、いつ来ても雪があるのは気のせいだろうか。

◆山中に点在する数々の遺構

身を切るような寒さの中、とらさんと2人で別子山の登山道を登り始めた。

川に沿って登山道は続いており、途中、橋で対岸に行ったり来たりすることになる。時おり道ばたに雪が顔を見せるが、幸い歩くのに支障はなかった。

ギリギリまで仕事をした後に徹夜ドライブだった2人の足取りは非常に重く、そんなテンションの低さとは裏腹に、急な上り坂と階段の連続でグングン標高は上がってゆく。

切れかかった息で「これは、コンディションの、いい時に、来ないと……」と話していると、レンガ造りの壁が見えてきた。どうやら、小足谷《こあしだに》集落跡まで来たようだ。

ここは、旧別子地区で最後まで人が住んでいた場所で、別子銅山の重役の居宅や、来賓をもてなしていた接待館などがあった。外壁しか残っていないとはいえ、ここ旧別子地区の中では、まだ原型を留めているほうで、貴重な存在といえる。

本来なら、この近くに醸造所跡の煙突があるはずなのだが、2人とも見落としていて、そのままスルーしてしまった。醸造所というのは、その名のとおり味噌や醤油を製造していた場所だ。

歩いていると様々な遺構がどんどん現れ、先にあるものを早く見たいという欲求が勝り、

小学校跡の石垣。かつては子供たちがこの道を走り抜けたのだろう。

つい先を急いでしまった。しばらく歩いてから気付いた我々は、帰りに寄ることにした。

登山道を進んでいると、一人の初老の男性が山を下ってきた。「おはようございます」と笑顔で挨拶を交わし、すれ違った。

気になったのは、男性が両手にスキーのストックを持っていたことだ。

「なんでストックなんか持っていたんだろう？」

疑問に思いながら歩いていると、収銅所と沈殿池跡が見えてきた。見えたといっても建物らしい建物はなく、ただの空き地と、石積みで段々畑のように造られた遺構があるだけだ。

遺構がある各所に案内板が立っているため、ここがどのような場所だったのか知ることができる。登山道の入り口で撮影したコース案内図を参照しながら、先へ進む。こんな時、デジカメは非常に重宝する。

しばらく歩いていると、小学校跡と劇場跡を示す案内板が立っていた。小学校や劇場の面影はなく、今は石垣と広大な平地が、ただひっそりと残っている。こんな山道を登ってきた場所に、かつては小学校や劇場があったなんて、誰が想像できるだろうか。

気がつけば、出発してから既に1時間近く経過しており、日も高くなってきた。着込んでいた上着をリュックに詰め込み、先に向かう。

登山ルートはこの先、橋で川を渡り、しばらく対岸を歩くことになっている。しかし、案内図では、こちら岸の前方に病院跡があると書かれていた。病院跡を探すべく、しばらくはルートから外れ、直進してみることにした。

橋を渡らずに直進しようと思うと、道らしい道が見当たらない。道がなくても行くと決めた以上、行くしかない。

後で思い返せば、これが失敗の始まりだったのかもしれない。

◆道なき道を進む

残雪が目立つようになった道なき道を、2人で黙々と歩く。今となっては来る者を拒むまでに荒廃しているが、至る所に石垣が組まれ、当時はここも人々の職場であり、生活の場だったのだと実感することができた。

所々にレンガの壁や石垣が見えるが、これが当時は何であったのか、想像するのは非常に難しい。病院跡は、それらしい痕跡すら皆無で、ただ土砂に流されかけている石垣があるだけだった。

こういう階段を見つけると、登らずにいられない。

デジカメで撮ったアバウトな案内図だけを頼りに探索しているため、どこまで進んだらよいのか分からないうちに、かなり歩いてきてしまった。

「まあ、しばらく進めば、また本線に合流しますよ」

そんな楽観的な会話をしている間に、我々は引き返すタイミングを完全に失っていた。

デジカメの案内図を見返してみると、この先で登山道はもう一度川を渡り、こちら岸に戻ってくる。道なき道を既に20分は突き進んできたので、今さら引き返すよりかは、このまま川に沿って突き抜けてしまったほうが早いだろう。そう判断した我々は、さらに道のない山中を黙々と歩き続けた。

とらさんに「まだ合流しませんか？　こっちの方向で合ってます？」と言われ、対岸が見渡せる場所まで移動し、「向こう岸に道があるんで、間違ってないですよ」という会話を何度か繰り返した。

時おり不安になり確認するが、対岸にはちゃんと道が続いている。こちら側は激しい藪の中ではあるが、あちらこちらに石垣の跡が見受けられた。そして、深い藪を抜けると、そこに古道があった。ある程度藪の開けた幅1メートルほどの道が、我々の向かう方向へ伸びている。きちんと側溝らしき跡もあった。

「昔はこっちのほうがちゃんとした道だったのかもしれませんね。あっち（対岸）の道は、後になって観光用に造られたんじゃないですかね。そう考えると、こっちを歩いたほうが正しいんですよ、きっと」

思わぬ長期戦に、自分たちを納得させようとするが、道は長くは続かず、再び藪の中へ突入する。

徐々に残雪も激しくなり、日陰に入れば普通に積雪状態となった。軽いハイキングのつもりだったが、入山前に念のためトレッキングシューズに履き替えておいて正解だった。普段のスニーカーだったら、今ごろ完全に靴の中は水びたしになっていただろう。

案内図で見る限りでは、藪越えはわずかな距離のはずなのだが、なかなかルートに合流しない。対岸を歩けば、きっと10分程度なのだろうが、何にせよ道がないのだから、歩くのにやたらと時間がかかる。次第に会話もなくなり、黙々と藪こぎを続けるしかなかった。

藪に入って40分が経過しようかという頃、やっと登山道に合流した。

1メートルほどの段差を上って、久々に正規ルートに戻った。登山道から、改めて我々の歩いてきた方向を眺める。

まぎれもなく「古道」だ。今も「道」と呼ぶにはためらいがある。

「これ、完全に道じゃないですね」

〝なんちゅーとこを歩かせるんじゃ〟というニュアンスを含んでいたが、もう過ぎてしまったことは仕方がない。これから先のことだけを考えることにしよう。とらさんの発言に、私は「そうですねー」とだけ答えておいた。

道は、階段と坂道でさらに標高を稼いでゆく。途中、焼鉱窯や吹所などの跡があったが、あまりにも古い施設であるため、石積みしか残っていなかった。やはり、年月の経過には逆らうことができない。

現役さながらの索道。ハードな道程を進んできたかいがあった。

案内図を確認すると、この先、しばらくは何の変哲もないただの山道が続くようだ。

と思っていた矢先、意外な光景が目に飛び込んできた。それは、索道だった。2方向に索道が伸びており、どうやらここは中継地点だったようだ。

案内図にはなかった思わぬオプションに、2人は大興奮していた。鉱山には欠かせない索道が、しかも完璧に近い形で残っていたのだ。ひょっとしたら、今でも登山道の整備資材等の輸送に使っているんじゃないかと思うほどの状態だった。

◆地下世界への入り口

いいものが見られたため、徹夜明けの2人のテンションも上がり、絶好調になっていた。分岐路を右に曲がり、東延地区へ向かう。すると、すぐに坑道の入り口・坑口が見えてきた。ここが、第一通洞南口だ。

第一通洞の入り口。侵入しようとすると、ツララが落ちて攻撃してきそうだ。

第一通洞の入り口はフェンスで塞がれ、内部に立ち入ることはできない。もしも塞がれていなければ当然入るところだが、法律で廃坑の閉塞が義務付けられており、入れる可能性は限りなく低い。

可能性が低いというのは、逆に言えば稀には入れるケースもある、ということだが、別子に限っては今も住友がきっちりと管理しているため、絶対に不可能だ。

通洞入り口にぶら下がっていた無数のツララを眺めながらしばし休憩した。気がつけば、時計は既に10時を指している。午前中だけで終わると思い、昼食の準備はしてこなかった。これは、少しペースを上げないとマズそうだ。

休憩もそこそこに、手作り感あふれる砂防ダムの脇を進むと、今までにない巨大な石積みが

入れるところには入るのがポリシーだ。

出現した。

ここは東延地区を象徴する場所で、石積みの下にはトンネルのような入り口が2つ見える。坑道とおぼしき一方は固く閉ざされているが、トンネルらしき他方は、ここから見る限りでは中に入れそうだ。

人は、なぜトンネルや坑道といった地下に魅せられるのだろうか。体が反射的にトンネルへと向かっていく。見ていたとらさんが、

「危ないですよ！」

と声をかけてくれた。トンネルへ行くには崖を下りなくてはならず、しかも岩には積雪がある。それでも向かっていこうとする私に、とらさんが続ける。

「無事にトンネルまで行けたら、どんな感じか教えて下さい。よさそうだったら自分も行きます」

雪で滑りそうになりながらも、何とか無事にトンネルまでたどり着いた。

遠くから眺めるのと、間近で見るのとでは、迫力がまるで違う。どうせ中に少し入ったところで塞がれているのだろうと思っていたが、何の障害物も見当たらない。坑道ではなくトンネルだから、入れる状態で放置されているのだろうか。

私は写真もそこそこに、吸い込まれるようにトンネル内部へと入っていった。遠くからとらさんの声が聞こえるが、もはや何を言っているのか聞き取れないので、無視して進んでゆく。

ポケットからLEDライトを取り出し、辺りを照らす。トンネルの内壁はレンガでできていて、何ともいえない趣がある。足元は、今も流れている流水により侵食され、凹凸が激しい。それに加え、水の流れが停滞している箇所は凍結しており、非常に歩きにくい。

途中、すり鉢状になっている大きな水溜まりがあった。まともに踏み込んだら、確実に膝まで浸水してしまう。クリアする方法は一つ、側壁にへばり付いてカニ歩きするしかない。

そうするにしても、リュックとカメラがあるし、カニ歩きするスペースすら怪しい。必然的に、側壁と向かい合い、レンガを指でつまんで体重を支えながら横移動をするしかなかった。必死に横歩きしている時、ちょうどとらさんがトンネルに入ってきた。

「ちょっとちょっと、何やってるんですか？」

そう言われても、これしか方法がないのだから、仕方がない。結局、とらさんも同じ方法で私の所までやってきた。

見えてきた明かりを目指すが、少しずつ嫌な予感がしてきた。トンネルを抜けると、目の前は壁だった。幸いにも、コンクリート壁に梯子が付いていたため、上ることができた。さあ、やれやれと思って辺りを見渡すが、何も見えない。我々が今いる場所は、すり鉢の底のようになっていて、地表まで5メートルほどの高さがある。地面は雪で完全に覆われ、歩けそうなルートは全く見えない。

途方に暮れたが、考えていたことは2人とも同じだった。あのトンネルには戻りたくない。その思いを噛み締めながら、木にしがみつき、何とかすり鉢の底から這い上がった。

這い上がったのはいいが、ここがどこなのか全く分からない。トンネルを抜けるルートなんて、案内図に載っている筈がない。しかし、朝から道なき道を歩いていたためか、方向感覚というか、何らかの勘が働くようになっていた。

「たぶん、あっちの方じゃないですかね」

「ええ、自分もそう思います」

不思議と意見が一致し、〝あっち〟に向かうと、本当にレンガ造りの建造物があった。東延機械場跡だ。すぐ上には、東延斜坑もある。機械場には東延斜坑で使う巻き上げ装置や、動力源の蒸気機関等があったとのことだが、レンガの壁だけでは想像しにくい。

本当ならここで引き返し、分岐点まで戻って山頂を目指すのだが、私が曖昧な記憶で「この先にも、別の斜坑があったような気がする」と言ってしまったため、さらに奥へと入ってゆくことになった。

当然、斜坑などある筈もなく、道もあるのかないのか分からなくなってきた。斜坑はなかったものの、代わりに巨大な滝が姿を現した。

落差は20メートル程だが、幅があり、50メートルはあろうかという大パノラマだ。そして、水量の少ない滝は凍り付いており、見る者を圧倒する。斜坑はなくとも、これを見れば苦労も報われるというもの。とらさんと2人、しばらく無言で見入っていた。

幻の滝。ファインダーに全く入りきらないのが残念だ。

◆銅山の心臓部を発見

我々が歩いてきた獣道もこの滝で行き

止まりになっていた。ここで大人しく引き返せばいいものを、悪い癖が出てしまった。「さらに奥に行けば、何かあるんじゃないか」と、気になってしまったのだ。

「もうちょっと進んでみましょう」

とらさんを促し、完全に道ではなくなった山の中を歩き始めた。

今日はずっとこんなことをしている気がするが、とらさんはいつも渋々ながら付いてきてくれるのでありがたい。もっとも、こんな場所で別行動にしても、お互いに困るだけだが。草木を掻き分け、急斜面を上ったり下ったりするが、どこに行っても常に石垣が見えている。

この山は、全盛期にはどんな姿をしていたのだろうか。我々は今どこを歩いているのか全く分からないが、この石垣のおかげで根拠のない安心感が得られた。建物の形跡は全くないが、石垣の上には、稀に釜ややかんといった生活道具が転がっている。

そうこうしているうちに、時間は正午に近づいていた。これはヤバいと思っても、ここがどこなのか、見当もつかない。

そして、またとらさんと意見が一致し、〝あっち〟に向かって山の斜面を滑り落ちるようにして下った。すると、眼下に平らな地面が見えてきた。やった、これで何とかなる。

しかし、やはりそう簡単にはいかず、最後に難所が待ち構えていた。

この角度になると、降りるというより落ちるというほうが近い。

傾斜角80度の斜面で、高さは約5メートル、逃げ場はない。ええい、と木に掴まり、足を引っ掛けながら、ゆっくりと落ちていった。

とりあえず、ちゃんとした平らな地面に出ることができた。そして、次の大きな問題は、ここはどこだ？　ということだった。考えていても分かる筈がないので、四方を歩き回ってみる。するとすぐに東延斜坑が見つかった。結局、散々山の中を歩いた挙げ句、振り出しに戻った形だ。

東延地区から本線に戻り、さらに登っていると、勘定場跡の案内板が立っていた。「勘定場」と書かれた木柱があるだけだったが、ふと道の下を覗き込んだら、そこに灯篭らしきものが見えた。

早速、斜面を駆け下りて近寄ってみる。石に

「壬戌文久二年七月吉日」とある。

彫られた「常夜灯」の文字が見える。その横には「文久二年」の文字があった。

私は思わず叫んでいた。

「これは凄いですよ！」

それを聞いたとらさんに、

「文久二年って、いつですか？」

と聞かれたが、

「んー……まあ、とっても昔ということで……」

もう少し歴史をしっかり覚えておけばよかったと思ったが、今は時間がないので先を急ぐ。

後で調べたところ、文久2年は西暦1862年（壬戌・みずのえいぬ）、日本では徳川家茂が将軍に就いていた江戸時代の幕末で、アメリカでは前年に勃発した南北戦争が激化していた頃だ。こんな時代の石灯篭が、道もない山の中にひっそりとたたずんでいたのだ。

次の目的地は、本日のメインともいえる歓喜坑だ。途中、生温かい風が吹き出している

ここで起こった〝歓喜〟を忘れないように、住友グループは今もこの場所をとても大切にしている。

坑口跡を見ながらも、立ち止まらずに歩き続ける。

標高が上がったため積雪が多くなり、日陰に入るとガチガチに凍結している。特に、歓喜坑に至る直前の凍った石段はとてもデンジャラスで、足を滑らせたらそのまま数十メートルは滑り落ちるのではないかという状態だった。ここにきて、今朝すれ違った男性がストックを持っていた意味がよく分かった。

石段の途中に〝歓喜坑〟の表示があり、矢印の方向を見ると、もうそこに坑口があった。登り始めてから5時間、正午を回った頃にようやくたどり着いた。

歓喜坑は別子銅山最初の坑道であるため、そのルーツを辿る上で欠かせない。鉱山ではとても縁起を気にするため、坑道には縁起の良い名前がつけられることが多いが、ここまでストレートなのも珍しい。こうしたことからも、当時、人々がどれだけこの坑道に期待していたのかが窺える。

ここから別子銅山が始まり、住友の発展が始まった。住友グループの新入社員たちは、今でもここを研修で訪れるという。

とりあえず、写真も撮らずにベンチに腰をかけ、休憩する。私が持っていた唯一の食料・ブロックチョコレートを2人で分け合う。

普通に登れば2時間で着く筈なのだが、あまりにもオプションが多すぎた。この先、さらに山頂まで登ってから下り、ようやく昼食にありつけるのかと考えると、ゆっくりしていられない。それに、ずっと座っているとお尻に根っこが生えてきそうだった。

山頂の銅山峰を目指すべく、重い足取りで凍った石段をさらに登る。スタート時に、既に2人とも疲労困憊の状態であったため、上り坂が必要以上にきつい。石段が終わると、道は岩場の上を歩くような感じになり、ハイキングコースから本格的な登山道へと変わった。

眺望が開けて見晴らしはいいのだが、山しか見えない。疲労もピークに達し、ひと一人通るのがやっとという道の上に座り込み、しばし休憩をとる。山の中を歩き回ったのが疲労の原因だが、あれはあれでとても有意義だったので後悔はない。

もうひと踏ん張り、気合を入れて、気力で登る。出発から6時間、やっとのことで銅山峰に到着した。

標高1294メートル、本当なら肌を刺すように冷たい風なのだろうが、今の我々には心地よかった。これまでは山しか見えなかったが、銅山峰からは山の反対側が見渡せる。低い山の向こうに新居浜市街が広がり、その先は瀬戸内海が水平線まで伸びている。本当に来てよかったと思える瞬間だった。

ここ銅山峰付近は〝銅山越〟と呼ばれ、かつて別子の粗銅は、人夫に担がれ2日間かけて新居浜の港まで運ばれていた。

行きは30キロの粗銅を背負い、帰りは食料等の生活物資を背負子に入れて、冬場もこの厳しい道のりで銅山峰を越えていた。途中で行き倒れる人夫も多く、その無縁仏を祀ったお地蔵様が、今も銅山峰で訪問者の安全を見守っている。

山頂でひと休み。6時間歩き続けた我々へのご褒美のような景色だ。

眼下に見える新居浜の工場群。すべての発展は、今我々がいるこの銅山から始まったのだ。ただの展望台ではなく、これまで歩きながら見てきた別子銅山の集大成ともいえる、とても感動的な眺望だった。

感動的な景色を前にして何なのだが、それにしても腹が減った。時間は午後1時を回っている。昼食を持って来なかったことを猛省しながら、早速山を下り始める。帰りはもう山の中を彷徨う必要がないため、早く下れるだろう。上りは重い足を上げるのに息も絶え絶えだったが、下りはテンポよく行けば楽に進める。ただし、凍結区間はさすがにそんなわけにもいかず、勢いを抑えるために足腰を使わねばならない。

「明日、筋肉痛になりそうですね」

と言うとらさんに、

「いや、明後日かその次ぐらいじゃないですか」

と返しておいた。とらさんだけではなく、自分も同様というところが悲しい。

その後は順調に下り、あとは、登り口の車を目指すだけだ。そう思っていたが、小足谷接待間のレンガを見ていて、思い出してしまった。そうだ、見落としていた醸造所跡を見なければいけないのだった。直進したがる足に言い聞かせ、左のブッシュへと踏み入る。

煙突なんて高い建造物なのだからすぐに見つかるだろうと思っていたが、これがなかなか見つからない。四方を見回していると、煙突の上端部らしきものが僅かに見えた。

あっ、もっと下だ……。

斜面を下り、ようやく煙突のたもとまでたどり着いた。鬱蒼とした杉林の中にそびえるレンガ造りの煙突は、何とも圧倒的な景色だ。そんな光景を前にして何なのだが、腹が減った。先を急ごう。

とりあえず、これで見たかったものはすべて見た。もう思い残すことは何もない。ただ黙々と山を下る。午後3時、およそ8時間ぶりに登山道入り口まで戻ってきた。

飢えていた我々は、早速登山装備を解除し、遅すぎる昼食を求めて車を走らせた。

この時、数十分後に2人が全く弾力のない残念なうどんを食べることになるとは、知る由もなかった。

最後のターゲットになった煙突。木々に囲まれてしまっていたため見つかりにくかった。

【秘境.03】熊本県八代市

五家荘

【吊り橋と落人の里】

九州中央山地の奥地・熊本県八代市泉町にある久連子（くれこ）、椎原（しいばる）、仁田尾（にたお）、葉木（はぎ）、樅木（もみぎ）の5地区を、総称して五家荘と呼ぶ。山あい深い渓谷には複数の吊り橋や滝があり、九州を代表する秘境と言われている。

◆いつの間にか雪山突入

　とらさんとの年末秘境巡りの旅2日目。前日に四国の別子銅山を探索した我々は、疲れてヘロヘロになりながらも九四国道フェリーで九州に入り、次の目的地である熊本県の五家荘《ごかのしょう》になるべく近づこうとしていた。

　しかし、日付が変わった頃、福岡県久留米市で力尽きた。翌朝は8時出発とし、珍しくゆっくり体を休めることができた。途中、コンビニで買い込んだ菓子パンをほおばりながら、五家荘を目指す。

　五家荘は、特に紅葉のシーズンには素晴らしい景色になり行楽客が押し寄せるようだが、今は真冬なので紅葉は楽しめない。しかし、オフシーズンで観光客が少ないため、より秘境らしい雰囲気が味わえそうだ。

　久留米から五家荘までは直線距離でちょうど100キロほどになり、車で走ると2～3時間といったところだろう。とらさんに運転してもらい、私はルートを考えることにした。

　車にカーナビが付いているが、こういう時は道路地図に限る。なるべく同じ道は通らず、一筆書きで回るのがベストだが、山奥だけに道も限られている。九州道を御船インターで下りて国道443号線を南下、県道52号線で五家荘に入ることにした。帰りは国道445

号線で北上すれば、五家荘をほぼ環状して効率よく回ることができそうだ。

県道52号線が地図上ではヒョロヒョロの怪しい表記になっているが、それはそれで楽しめるのではないかという思惑もあった。

熊本県道52号を真っ白に染める雪。

出発から2時間余りで、問題の県道52号線に入った。前方に見える山は雪を被っていて真っ白だが、今のところ何の問題もない道が続く。道幅は広くはないが、対向車が来ないため苦にはならない。

すいすい進んでいると、前方に低速車が見えてきた。除雪用のモーターグレーダーだった。道幅が広くなった所で道を譲ってくれたが、なぜ我々と同じ方向に向かっているのか、少し嫌な予感がした。

それから5分も走らないうちに、路面に積雪が出現した。「九州でも雪が積もるんですね〜」と感心していたが、まだ山にさしかかったばかりで、これからさらに標高が上がってゆく。

なぜかかな書きの手作り感満点の案内。

〝この先道路凍結のためチェーン規制あり〟との看板が、より一層危機感を募らせる。一般道なのにチェーン規制というのも、違和感しかない。

みるみる間に銀世界となり、路面は雪で覆われた。温暖なイメージがある九州とはいえ、標高が高くなれば普通に雪が積もるようだ。

積雪の重みでしなった竹が、大きく道路上にせり出していた。私の目には、我々を歓迎するウェルカムアーチのように見えたのだが、隣で運転しているとらさんにとっては、ただの障害物でしかなかったようで、「邪魔だなぁ」とつぶやくのが聞こえた。

真っ白な路面に気を取られているうちに、五家荘に入っていた。最初に着いたのは、松永栴檀轟《せんだんとどろ》だった。

県道52号線沿いにある駐車場に車を停める。積雪が20センチ程度あり、我々のほかに車も人もいない。

車内で長靴に履き替え、手書きで書かれたオドロオドロしい〝松永せんだんとどろ入口〟

から滝を目指す。入口にあった案内板によると、この松永梅檀轟は落差が70メートルあり、五家荘の中でも最も大きい滝とのこと。これは期待が持てる。

それにしても、もう朝10時を回っているというのに、非常に寒い。長靴は底が薄いため、足の裏からダイレクトに冷えてくる。

駐車場から歩くこと10分、積雪の石段を滑り落ちそうになりながらも、滝に到着した。期待を裏切らないダイナミックな滝に、しばし寒さを忘れて見とれていた。周りに積もった雪も、いい雰囲気を演出している。久しぶりに、滝らしい滝を見た気がする。

冷気と豪快さに包まれた松永梅檀轟。

マイナスイオン云々という話は科学的な根拠がなく眉唾だが、滝の傍に立てば確実に清々しい気持ちになれる。忘れていた寒さを思い出してきたので、早足で車に逃げ戻った。五家荘に着いて最初のポイントがこれだったら、幸先の良いスタートと言えるだろう。

県道をさらに進んで山を下り、国道445号線に合流した。途中、国道標識の〝445〟のうち〝44〟が消え、国道5号線になっていた。すかさず車を止め、とらさんと写真を撮って盛り上がる。これは、ちょっとした名所(迷所?)になるかもしれない。

他では見られない貴重な看板。

◆雪に囲まれた無人の観光地

国道から県道159号線に入り、樅木《もみのき》地区を目指した。目的は、渓谷に架かる2本の吊り橋〝樅木吊橋〟だ。樅木地区では、道路が集落を取り巻くような配置になっており、我々が吊り橋に至る前に〝平家の里〟という看板が見えてきた。

ここ五家荘は、美しい山あいの景色だけではなく、平家の落人伝説でも知られている。気になるので、とりあえず立ち寄ってみることにした。

平家の落人伝説というのは、源平合戦に敗れた平清経が家来5人とともに九州の由布院に落ち延び、やがて未開の地であった五家荘周辺を開拓し、暮らしていたというもの。真偽のほどは定かではないが、全国に１００箇所以上もある平家の落人伝説の中では、信憑性が高い方ではないだろうか。

平家の里入口には料金所があり、年中無休の筈なのに人がいない。仕方がないので料金所をスルーして中へ入ってゆくと、乳飲み子をおんぶした奥さんと遭遇した。料金は帰りでいいので、ゆっくり見てってよ～とのこと。これで罪悪感もなくなり、落ち着いて見ることができる。

落人たちが住んでいた頃のようにひっそりとしている平家の里。

里の中には、平家の落人伝説に関する資料を展示する平家伝説館や能舞台、古民家を利用した休憩所、かやぶき屋根の食堂があった。

平家伝説館では五家荘の立体地図もあり、「へ～」と感心しながら見て回っていたが、30分とかからないうちに出てきてしまった。

入場料が４００円と安いことと、もらったパンフレットが巻き物になっていたので納得できるが、見学するには少し物足りない気がした。

最後に入場料を支払い、本題の樅木吊橋に向かう。樅

左があやとり橋で、右がしゃくなげ橋。

木吊橋までは車で数分の距離しかなく、すぐに到着した。

　駐車場に車は1台もなく、人の気配もない。案内板によると、2つの橋のうち上流側の大きな橋は〝あやとり橋〟、下流側の小さな橋には〝しゃくなげ橋〟という名前が付けられている。寒風吹きすさぶ中、2人であやとり橋に近寄る。

　うっ……予想以上に高い。そして、床板には隙間があり、板の上に積もった雪が凍結している。急に弱気になったとらさんは、

「ここで見てますから、どうぞ」

　などと寝ぼけたことを言っている。吊り橋の床板に隙間があるとはいえ、観光地なのだから安全は保証されている筈である。揺れたって、下が見えたって、とにかく安全なのだ。そ

う自分に言い聞かせて、ズカズカと吊り橋の真ん中を歩いて行く。

なるべく下を見ないように歩いていると、凍った床板に足をもっていかれ、勢いよく転びそうになった。とっさにワイヤーにしがみついたので転ばなかったが、心臓が止まりそうになった。身体的なダメージはゼロだったが、これで下を見て歩かざるを得なくなった。急に慎重になり、今まで触っていなかったワイヤーに掴まり、一歩一歩足下を確認しながら進む。

来ないと言っていたとらさんも、やっぱり後ろについてきている。なんだかんだ言いつつも、最終的には信頼できる相棒だ。お互いの距離を保ち、時おりカメラを向け合いながら、ゆっくりと歩く。

何度か滑りそうになりながらもワイヤーにしがみついて、何とか対岸までたどり着いた。やれやれと安堵しながら、とらさんの到着を待つ。

渡りきったのはいいが、憂鬱なことにまた戻らないといけない。帰りは小さな

冬ならではのトラップにはまった。本当にシャレにならない。

しゃくなげ橋なので楽勝……と思いきや、そういうわけにもいかなかった。しゃくなげ橋のほうが日当たりが悪く、さらに激しく凍結していた。なかなか安心させてくれない観光地だ。

あやとり橋に比べると、ずいぶん低いように見えるのだが、それでも20メートルの高さがある。高さが半分になっても、高いものは高い。体感的な怖さはあまり変わらないものだなと思いながら、凍結した吊り橋を渡った。

ようやくスタート地点に戻ってきたが、とにかく寒い。すぐに車に撤退し、次の目的地・梅の木轟を目指した。

梅の木轟の滝は落差38メートル。こちらにも大きな吊り橋が架かっているらしい。今朝訪れた松永梅檀轟と同じ仁田尾地区になるのだが、位置的にはかけ離れている。国道445号線を北上すると、30分程で到着した。

梅の木轟に行くには、まずは梅の木轟公園吊橋を渡らなければならない。これがまた、深さ50メートルの峡谷を渡る立派な吊り橋で、全長は116メートルもある。

この吊り橋は、谷に渡した13本の鋼材をコンクリートで固めて床版にし、欄干を取り付けたもので、吊り橋の代名詞とも言えるワイヤーや蔦は一切見えていない。ＰＣ吊床版橋と言われるもので、日本で全長100メートルを超えるものは他になく、この梅の木轟公園吊橋が全国最長だという。長い橋の途中に支柱が全くないのは、何とも見慣れない光景だ。

ひとしきり眺めたところで、橋を渡って梅の木轟に向かう。高いところは苦手だというのに、本当に高い場所にばかり来ている気がする。ワイヤーや支柱が全く見えないので見晴らしはいいが、この橋は大丈夫なのかと不安になってしまう。支柱があったほうが、なんとなく安心できる。ただ、床がコンクリートでできているため、通常の吊り橋に比べて揺れは少ないので、普通に歩くことができた。

あまりやりたくはないが、一度は下を覗き込んで高さを確認してみた。先ほどのあやとり橋よりもさらに高く、決して落ちることはないのだが、吸い込まれそうな感覚に陥ってしまう。

難なく橋を渡ったが、近くに滝らしい気配が感じられない。それもその筈、この吊り橋が完成するまで、梅の

堅固なコンクリート床への安心感と、橋の長さへの不安感とが同じくらいなのだが、やっぱり怖い。

木轟には行き着くことさえ困難で、かつては〝幻の滝〟と呼ばれていた。現在は吊り橋とともに遊歩道も整備されているが、アップダウンの激しい道のりを10分程度歩かないといけない。

案内板に書かれていた〝幻の滝〟の文字に興奮した我々は、早足で歩いて行く。かつては困難を極めたな道のりも、今では楽に歩いて行けるというのに、観光客の姿が全く見当たらない。途中にあった展望台らしき施設は、何らかの表示があったと思われる案内板も抜け落ち、まるで廃墟の様相だ。

この梅の木轟に限らず、観光地を巡っているというのに、朝から同業者（観光客）と一人も出会っていないというのは、少々異常な気がする。

小さな吊り橋を渡ると、ついに滝が見えてきた。木々に覆われた急峻な斜面にあって、角度は直角というわけではなく、45度程度の傾斜の岩場を、水がしぶきを上げながら流れ落ちている。これはまさに〝幻の滝〟の名にふさわしい雰囲気だった。

滝のすぐ横に遊歩道の階段があり、滝を間近に見ることができるのだが、滝を見上げると確実に階段が視界に入ってしまい、景観としては少々残念な配置だ。もっとも、これだけ観光客が少なく、遊歩道も苔むして荒れた感じになっていたので、大きな問題ではなかった。

滝を見上げることはできないが、滝に沿って歩くという体験型の楽しみがある昇竜滝。

こんな壮観な眺めの前にいるのは、我々だけである。それがまた、たまらない。だから、やめられない。強行軍の日程ではあったが、岐阜から九州まで来て良かったと、実感できる瞬間だった。

しかし、立て札をよく見てみると、この滝は梅の木轟ではなく、〝昇竜滝〟という名前が付いていた。梅の木轟は、まだ上流らしい。とらさんはいつまでも必死に写真を撮っているので、一人で遊歩道を上がっていった。

少し階段を上がると平坦になっている場所があり、その上流はまた滝になっていた。これこそが梅の木轟で、昇竜滝よりも角度が急で、まさに滝という感じで迫力があった。

ここで、ふと疑問が浮かんだ。ここに来るために梅の木轟公園吊橋を渡ってきたのだ

奥まったところにある梅の木轟。

が、吊橋の名称になっている梅の木轟公園が見当たらない。こんな場所に公園があるとも、かつてあったとも思えない。近所の人が子供を遊ばせに来るにしても、不便すぎる。だとすると、国定公園のように、この辺り一帯のことを指して公園と呼んでいるのだろうか。だが、階段はさらに上へと続いているので、ひょっとすると、この先に本当に公園があるのかもしれない。それを確認するため、さらに登ってみることにした。

長い道のりを覚悟していたが、物語はあっけなく結末を迎えた。階段の先には7～8メートル四方の小さなスペースがあり、そこが遊歩道の終点になっていた。苔むした木製のベンチが3つあるだけだったが、石碑が立っている。石碑には「梅の木森公園開園記念」と書かれていた。ただの狭い空き地にしか見えないが、どうやらここが公園ということらしい。

謎が解けたところで車に戻る。これで、五家荘で見たかった滝と吊橋は全部見ることができた。意外と早く終わったなぁと思って時計を見ると、既に午後2時半になっていた。まだ午前中だと思っていたのに、気がついたらもうこんな時間だった。

楽しいと、時間が経つのを忘れてしまう。そして、時間と同時に思い出すのが、空腹感である。朝から動き回っていたが、五家荘に着いてからまだ何も食べていなかった。

◆つかの間のやすらぎ

国道を北上し、最後のポイント・二本杉峠を目指しつつ、飲食店を探した。二本杉峠は五家荘の北端にあたり、熊本平野が一望できる。そのため、五家荘の締めくくりに選んだ場所だった。梅の木轟の時点で、既に五家荘の界隈から離れ、山と川しか見えなかったので、車内には絶望感が漂っていた。まさに〝酷道〟という感じの山道が続き、飲食店などある筈もなかった。このままでは、昼食が夕食になってしまいそうだ。

また、山に入るにつれて、路面は真っ白な雪で覆われてゆく。路面全体が真っ白になるまで、そう時間はかからなかった。さらに我々を追い込むように、車の給油ランプまで点灯し始めた。これまで、自らの空腹で気付いていなかったが、車もお腹を空かしていたようだ。空腹が過ぎると、人間よりも車のほうが、より深刻な事態になってしまう。

省エネモードに入り無口になっていた我々の前に、突如として希望の光が差した。二本杉峠の直前に、一軒の店があったのだ。何の店かも分からなかったが、吸い込まれるように入っていった。

店内ではお店の関係者が座って作業をしていたが、我々が客だと分かると場所を空けてくれた。寒いからとストーブの近くへ促されて、腰を落ち着けた。こうした雰囲気はとても好きなので、料理にも期待してしまう。メニューは麺類のほか、定食なんかもあったが、我々は前日のリベンジのため、うどんを選択した。昨日の昼食は、さぬきうどんの本場・四国でうどんを食べたのだが、非常に残念な結果に終わっていた。

期待と不安の中、一緒に頼んでいたオニギリが先に出てきた。うん、おいしい。山間らしく塩味の強い素朴なオニギリは、空腹だということを差し引いてもおいしかった。続いてうどんも出てきた。麺は普通の市販品だが、この色んな意味で寒い状況下にあって、身も心も温まるうどんだった。

とらさんとは、これまで全国各地に出かけているが、初めておいしい食事にありつけた気がする。私一人だったら、入る店は当たりが多いのだが、とらさんといると、なぜかハズレばかりだ。そうとらさんに話すと、

「いやいや、自分もそうですよ。この2人で動くとロクなことがない……」

空腹が満たされたところで、再び雪道へ戻った。行きがけに店のご主人が、この先は急な下り坂になっていることを教えてくれた。本当に急坂らしく、今日のように積雪がある時は、地元の車でも滑って横転することがあるという。

「滑ったら、おおイタですね」

車は滑らなかったが、とらさんの寒いジョークだけは滑っていた。ここが大分県だったらまだマシだったのだが、残念ながら、ここは熊本県である。

微妙な空気感の車内で2人とも押し黙っていると、二本杉峠展望所に到着した。駐車場が整備されているが、積雪に覆われていて、我々以外に人も車もいない。寒さと積雪で厳しい状況ではあるが、素晴らしい景色だった。ただ、雪が降ったり止んだりでモヤがかかっていたため、天候が良ければ見えるであろう雲仙普賢岳等は見ることができなかった。締めくくりとして、いまいちスッキリとしないが、それが我々らしいのかもしれない。

これにて終了、といきたいところなのだが、これから先には雪が積もった急すぎる下り坂が待ち構えている。展望所の近くには〝転落〟の文字と崖下に落ちてゆく車のイラストが描かれた看板が立っていた。

我々は、雪の国道445号を慎重に下っていった。

【秘境.04】山梨県南都留郡

青木ケ原樹海

【いまだ手つかずの世界】

富士山の北西部に広がる原生林で、風に揺れる木々が波のうねりのように見えることから、樹海と呼ばれるようになった。国の天然記念物に指定されている、首都圏に残る貴重な自然ではあるが、毎年多くの自殺者が訪れていることから自殺の名所として知られるようになり、行楽客の姿はほとんど見受けられない。

◆奇妙な名所になった森

「青木ヶ原樹海」と聞いて、最初に何を思い浮かべるだろうか。
「自殺」と答える人がほとんどではないかと思う。実際、青木ヶ原樹海での自殺者は年間50～100人前後で、決して少ないとはいえない。こうした「自殺の名所」としてのイメージが先行し、青木ヶ原樹海の素晴らしい原生林については、あまり知られていない。

青木ヶ原樹海は、富士山北西の裾野に広がる原生林で、貴重な自然が数多く残されている。溶岩流が冷え固まり、その上に樹木が定着したがゆえに起伏が激しく、これが功を奏して人の手が入りにくかった。そのため、火山噴火から1200年の歳月を経てもなお、手つかずの原生林が残っている。

首都圏からのアクセスも容易で、ハイキングや行楽に人気があっても良さそうなものだが、実際に訪れてみると驚くほど人影が少ない。国道139号に面し、観光地化されている富岳風穴や鳴沢氷穴は観光バスも出入りして休日は観光客で賑わっているが、一歩樹海に足を踏み入れると、人の姿はまるで見当たらない。

そんな樹海に私が興味を持ったのも、やはり「自殺の名所」というイメージからだった。
最初に訪問したのは、今から10年前のこと。樹海がある鳴沢村の隣には上九一色村があった。かつては地下鉄サリン事件や松本サリン事件等を引き起こしたオウム真理教のサティアンがあり、麻原代表が逮捕される舞台ともなった場所だ。

また、サティアン跡からほど近い場所には「富士ガリバー王国」というテーマパークが廃墟となっていた。閉園後も、身長45メートルにも及ぶガリバー像はそのまま放置され、廃墟マニアには有名な場所だ。

早朝、日の出とともにガリバー王国跡を見学し、時間が余ったため、なんとなく樹海に行ってみようという気になった。

駐車場に並ぶ自衛隊の車。赤十字が描かれた車両もあった。

◆樹海の地下に広がる世界

いつものように県道71号から精進口登山道に入ろうと車を停めた。

すると、迷彩服を着た自衛隊員の姿が見えた。それも、1人や2人ではない。集団行動をしているわけではなく、各自バラバラに行動している。

富士山麓には自衛隊の基地があるので、定期的に樹海で演習を行っているようで、それにかち合ったらしい。1人で樹海に入ると声をかけられやしないかと危惧したが、誰も気にする素振りもなく、地図とコンパスを頼りに樹海の中を黙々と歩いている。

登山道上は平してあるので歩きやすいが、一歩道を外れると凹凸の激しい溶岩の上に木の根が張り巡らされ、苔と落ち葉により落とし穴は隠れているしで、歩きにくいことこの上ない。大変そうに歩く自衛隊員を尻目に、平坦な登山道の上を歩いて行った。

樹海の魅力は、何も原生林だけではない。溶岩流でできた起伏の激しい地形も、実に面白い。その最たるものが、風穴や氷穴と称される洞窟だ。

私の場合、洞窟や廃トンネル等の入り口を見つけると、無条件に体が吸い込まれてしまう。地下空間というものは、妙に人を魅了する力がある。青木ヶ原樹海は、こうした欲求も満たしてくれる。

観光地化され、入場料を徴収している鳴沢氷穴や富岳風穴も見たが、やはり、観光地化されていない風穴や氷穴を探索するほうが断然楽しい。この日は、事前の調べで最も簡単に行けそうな富士風穴に向かった。

県道からしばらく歩いていると、自衛隊員の姿も見えなくなった。すれ違う人も一切なく、薄暗い樹海を1人で歩いていると、少し心細くなってくる。

県道から富士風穴まで、徒歩10分ほどでたどり着いた。自然を眺めながらの10分間なんて、あっという間だ。こんなにも手軽に自然のままの洞窟を見ることができるというのに、人影は皆無だった。

風穴には、約10メートル四方の地面が地下5メートルほどに大きくえぐられたクレーターのような場所から入る。まずは、クレーターの中へと下りる。

地面にあいたクレーターには、抗いがたい魅力がある。

さぁ、じゃあ入るか……と思い、風穴の入り口を見つめる。平坦な道を期待していたが、見えてきたのは梯子だった。そう、いきなり真下に向かっていた。これには、一人で苦笑いするしかなかった。

なんだかんだ言いつつも、結局行くしかないので、両手をカメラをリュックに詰め込み、両手をフリーにする。恐る恐る梯子に足をかけ、洞内へと

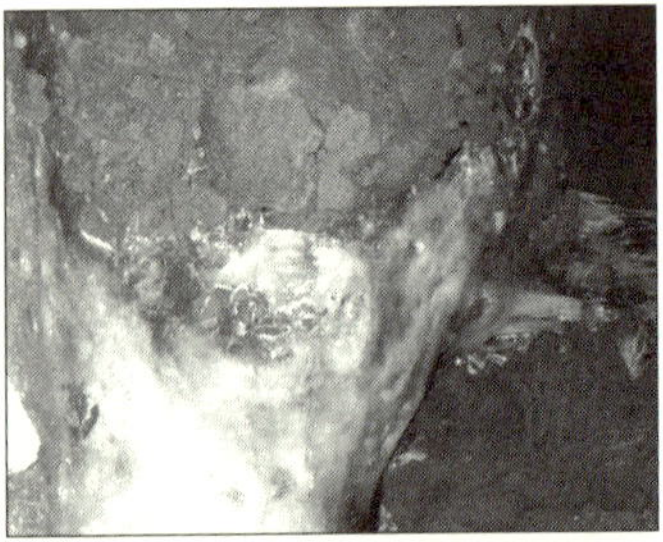

洞内は真っ暗でツルツルなので気を抜けないが、自然の厳しさの一端に触れたと思うと楽しくなる。

入って行った。

洞内の地面に達し、一歩を踏み出してみると、ツルっと滑った。そう、洞内は真夏でもない限り凍結していて、至るところがアイスバーンになっていたのだ。これでは、普通の運動靴では全く安心できない。

姿勢を低くし、極力滑らないように細心の注意を払いながら、洞内をくまなく探索する。といっても、内部はこぢんまりとしていて、あっという間に隅から隅まで見終わってしまった。

この日は、あまり深く探索するつもりではなかったため、大人しく車に戻る。短い時間ではあったが自然に触れることができて、清々しい気分だった。しかし……。

◆突然現れた謎の靴

県道脇に停めた自分の車の横に、さっきまではなかった一足の靴が、整然と並べて置かれていた。

「いやいやいや、ちょっと待ってよ。なんで靴が、なんで俺の車に……?」

悪質なイタズラのような気もするが、履き古されたランニングシューズは、妙にリアルだった。こんな尖った岩場を、裸足で歩くことなんてあり得ない。そう思いながらも、嫌な想像が脳裏に浮かぶ。

突如現れた謎の靴。なんというか、困った。

ひょっとして、誰かに気付いてもらいたくて、あえて車のすぐ横に置いて行ったのではないか。その場合、〝誰か〟とは確実に自分のことだ。靴だけで通報するわけにはいかないし、かといって、このまま気付かなかったフリをして帰るのも忍びなかった。しょうがない、捜すとするか。

その後の行程を考えると、あと1時間は余裕があったため、時間を決めて、付近の捜索を開始した。

捜索といっても、登山道はさっき歩いてきた。となると、道ではない場所を捜すしかない。念のため用意してきたコンパスとメモ用紙を取り出し、樹海内部に入った。こんなつもりじゃなかったのに……。これじゃあ、まさにここで自衛隊のやってることと変わりがない。

簡単な図を書きながら、樹海内部を進むが、想像どおりの起伏の激しさと、想像していなかった地面の柔らかさに阻まれて、思うように進むことができない。

地面は溶岩石なので硬いと思っていたが、倒木が腐ったり腐葉土が堆積していたりで、地面は足で踏むと凹むぐらい柔らかい。見渡せる距離を移動するだけで息が切れるし、時間もかかる。

結局、1時間だけではほんの僅かなエリアしか捜索することができず、何の進展もないまま、現場を引き上げることとなった。あとは、演習中の自衛隊員に発見されることを願うのみだ。もしこれがイタズラだとしたら、どこかで見ていた仕掛け人に笑われているのだろうが、それだったらいいな、と思った。

◆パトカーが来た

こんなことがあったため、しばらく樹海から足が遠ざかっていたが、数年ぶりに樹海を訪れようという気になっていた。そんな折、所用で東京に行く機会があり、ちょうど紅葉シーズンの樹海に立ち寄ろうと思い立った。

前夜に東京で用事を済ませ、樹海へと向かう。時間調整のため午前1時まで東京に滞在し、高速道路を使わず下道で行ったのだが、それでも夜明け前には着いてしまった。仕方がないので、道の駅・朝霧高原で1時間ほど仮眠を取った。

夜明けを待ちきれず、空が白み始めた午前6時前、精進口登山道を目指した。

今回、樹海を縦断する精進口登山道と、横断する東海自然歩道の一部を広範囲に歩く計画で、まずは県道から精進口登山道へ入る。

まだ薄暗い登山道を歩き、いつもの富士風穴を目指した。県道から登山道に入ると、まず最初に車両通行禁止のゲートを越えることになる。

ここを歩くのは数年ぶりで、どこか懐かしい感じがするが、あまり楽しい気分にはなれない。それは、単に薄暗いからというだけではなく、このような時間に訪問してしまったことに関して、ある危惧があったからだ。

近年では、毎年100柱前後の遺体が発見されているが、そうした人たちが事を行うのは圧倒的に夜間が多い。また、遺体の多くは、歩道や登山道から見える範囲で見つかっている。つまり、夜が明けて最初に訪問した人が、事切れた人たちを発見することになる。

私の目的は遺体を捜すことではなく、原生林の織りなす自然を感じることがメインなので、決して嬉しくはないハプニングになってしまう。見つけてしまえば通報するしかないし、死にきれずにまだ息がある状態なら、救護しなければならない。できることならば、見つけたくないというのが人間の本音だろう。

使用済のローソクは持って帰っていただきたい！

少しビクビクしながら、懐中電灯を片手に周囲を見渡し、登山道を進む。恐らく、私が本日最初の観光客だろう。

無事に（？）富士風穴までたどり着いたが、岩場の影が気になってしょうがない。風穴の入り口には、誰が置いていったのか、ローソクが転がっている。ローソクを見たら、体感気温が2〜3度下がった気がする。弔いのためかもしれないが、勘弁して欲しい。

恐る恐る梯子を下りて最深部へと向かう。風穴の内部は岩がゴロゴロしていて、物影だらけだ。気温は氷点下と思われるが、手の平には汗が滲んできた。人間、緊張すると本当に手に汗を握るものだと実感するような心の余裕もなく、風穴内部のチェックをすべて終えると、すぐに外へ出た。

天気が悪く、薄暗い状態が続いているが、風穴から脱出するだけで安堵感に包まれた。

寒い筈なのに、やたらと変な汗をかいた。やはり早朝は避けるべきだったと後悔したが、今さら遅い。さらに樹海を奥へと進む。

登山道は落ち葉の絨毯に包まれ、樹海の大部分を占める針葉樹が、時おり現れる色づいた広葉樹を、より一層引き立てている。素晴らしい景色に励まされ、重かった足取りも軽やかになってきた。

樹海の入り口に立つゲート。徒歩でこれを超えるのは簡単だ。

歩き始めてから約50分、樹海にしては珍しく、視界が開けた。これまで、ツガやヒノキといった針葉樹がほとんどだったが、ここは見渡す限りのブナ林になっている。色づいたブナの葉が、視界一面に広がっていた。早朝の霧に霞むブナ林に、時を忘れて見とれていた。こうした、思いがけない風景の変化も、青木ヶ原樹海の魅力の一つだろう。

しばし休憩したのち、来た道を引き返し、車に戻った。時間は、午前7時半。時々小雨がパラつく天候とはいえ、徐々明るくなってきている。ブナ林によって暗い妄想も吹き飛び、意気揚々と次の目的地へと向かった。

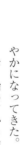

石碑か墓なのかも分からないが、道路脇にあるので妙に目立つ。

午前8時、精進口登山道入り口より再び樹海へと入る。先程と同じ精進口登山道だが、今度は、より麓側で登山道の始点である国道から登る。

こちらは、車両通行禁止にはなっているものの、ゲートはなく、車でも入ろうと思えば入れる。もちろん、ルール違反になるので、入り口に車を停めて歩いた。登山道は1車線ギリギリの幅しかないが、舗装されていて歩きやすい。歩きやすい反面、自然を楽しむには、ちょっと雰囲気が悪い。

以前、この入り口付近には自殺防止を訴える看板が複数設置されていたが、今はなくなっていた。これは、なくして正解だろう。あんなものがあったら、観光客は否応なしに身構えるし、自殺者にとってもポイントを指し示すことになる。

舗装路を歩いていると、石碑というかお墓のようなものが現れた。何か掘られているが、石が風化し、苔むしているため読むことはできなかった。時間をかけて推測すれば読めたのかもしれないが、知らないほうがいい内容かもしれないので、あえて読まずに通過する。

去っていくパトカー。悪いことなんてしていないのに、妙にあわててしまう。

歩き始めて30分、進行方向右手に人工物らしきものを発見し、確認のため道を外れて原生林の中へと入った。

20メートルほど先に見えた黒い箱のようなものの正体は、水を貯めておくポリタンクだった。しかし、なぜこんなところにあるのか、気になってしょうがない。

と、その時、進路後方から車が走ってくるのが見えた。

「車で入っちゃいけないのに、まったく……」

近づいてきた車の正体は、パトカーだった。

こちらは1人で、しかも道からそれた林の中にたたずんでいる。こんなところを見られたら、確実に勘違いされる。そう思った私は、パトカーがここに来るまでに登山道へ戻ろうと、全力で走った。

私が登山道に戻ると同時に、パトカーが私の横を通過……いや、通過しなかった。一旦停止し、凄い目でこちらを見ている。

私は息も絶え絶えだったが、おもむろにリュックからカメラを取り出して周囲の自然にレンズを向け、観光客であることを必死にアピールした。すると、怪訝そうな表情をしながらも、パトカーは発進し、さらに奥地へと去っていった。パトカーの後ろには、警察車両と思われるハイエースも続いている。

いやー、やばいところだった。しかし、何のためにパトカーがこんなところまで来たのだろうか。後続のハイエースも、とても気になる。

こんな場所で、いったいどんな荷物を載せるというのだろうか。これは気になるが、決して気にしてはいけない。このまま進んで〝現場〟に出くわせば、自分も保護されかねない。もうこれ以上は進む気になれず、引き返すことにした。軽やかだった足取りは、再び重くなっていた。

◆樹海に残されたもの

さあ、気を取り直して、最後に東海自然歩道を歩くことにしよう。富岳風穴近くの駐車場に車を停める。東海自然歩道の入り口には、こんな看板が掲げられていた。

「青木ヶ原自然歩道は、東海自然歩道の中で一番魅力があるといわれ、そして最初につくられたモデルコースです」

これは、どんなに素晴らしい景色が待ち構えているのか、ワクワクしてきた。今までの暗い雰囲気も吹き飛び、勇み足で樹海へ……と思った矢先、意外な光景が目に入った。

樹海の入り口に設置されている監視カメラだった。これまでには見たことのない代物だ。

自殺防止のためにしても、行動を逐一見られているかと思うといい気はしない。

非常に気になったが、今回も気にしないことにして、いざ樹海へ。気のせいか、先ほどより少しテンションも下がり気味だった。

テンションの低さもあって、比較的短時間で回れる一筆書きのコースをとることにした。円を描くようなコースで、約1時間で駐車場に戻ってくることができる。大自然を眺めながら、既に約半分歩いたが、誰一人として出会うことがない。

首都圏から近く、これだけの大自然が残っているのだから、もっと観光客が多くてもいいと思う。観光客が増えれば衆人監視となるため、自殺が減る。自殺が減ったら負のイメージが軽減され、より観光客が増えるのではないだろうか。

そんなことを考えながら歩いていると、またしても気になる光景が見えてきた。一本の分岐路にロープが張られている。そして、「防犯カメラ作動中」の表記があった。そのロープの向こうには、花束のような物が見える。

非常に嫌な予感がするが、これは行って確かめるしかない。

ロープを越えて歩いて行くと、予想通りのものが、そこにあった。花束、火の消えた線香、ペットボトルの飲料水、食料、マンガ本……嗜好からすると、若い人だったのだろうか。とりあえず、その場にしゃがみ込んで手を合わせ、ご冥福をお祈りする。

まだこれからだというのに、なぜ死んでしまったのか。赤の他人ながら、悔しい思いに駆られる。もう一度手を合わせて、歩道へと戻った。

私は、自殺しようと思ったことがない。決して恵まれた生活をしてきたわけではないが、どんなに辛くても、苦しくても、〝死〟以上の恐怖がないからだ。それは、私が心霊的なものを全く信じられないからだと思う。

私にとっての死は、人間という生物の最後であり、死後の世界など存在しない。人体は複数の物質から構成され、物質の組み合わせであれこれ考えたり、体を動かしたりしている。これは奇跡的なことだと思うが、死んでしまえば他の生物と同様、ただの物質に戻る。それが自然の摂理だと思うし、そうしなければ人間の世界など成り立たない。死とともに、自分自身の存在も、意思も、思考も、すべて消えてなくなる。私にとって、これ以上恐ろしいことはない。

あるとは思ったが、いざ目にすると想像以上の痛々しさだ。

そんなことを考えながら歩いていると、富岳風穴を知らせる表示が見えてきた。いよいよゴールが近づいてきたようだ。

最後の下り坂に差しかかると、溶岩石が歩道上にゴロゴロしていて、実に青木ヶ原らしい風景になっている。坂を下りきると、舗装された道路に出た。

観光地化されている富岳風穴の入り口があり、観光客の姿も見える。ここまできて、お金を払って観光地化された風穴を見る気になれず、スルーして車に戻った。

今日は、日の出から合計3時間半歩いただけなのだが、変に疲れてしまった。単に徹夜だったことも影響しているのだろうが、各所で色々なことがあったという要因は大きい。

青木ヶ原樹海で亡くなる人は年間100人前後なので、3万人という日本全体の自殺者数から見れば0・3％にすぎない。しかし、樹海のあちらこちらにその痕跡があり、それが観光客の足を遠ざけ、自殺者を誘っているのではないだろうか。

青木ヶ原樹海の自然は、本当に素晴らしい。溶岩石に絡まる木の根っこや、朽ちた倒木が自然に還りゆく様など、何度見ても飽きることがない。

アクセスの容易さからもおすすめの場所だが、自殺の名所としての痕跡が苦手な人は、避けたほうがいいのかもしれない。私としては、観光客が増え、自殺者が減少することを祈るばかりだ。

2章　人の気配が残る秘境

【秘境.05】三重県津市

旧東青山駅

【朽ちかけた人々の軌跡】

１９７５年に新線に切り替わったため廃止された、近鉄大阪線の駅。１９７１年の列車事故をきっかけに廃線が早まった。リゾート地として知られる青山高原の玄関口になっている現在の東青山駅から、直線距離にして2キロ以上も離れた位置にあり、山の中にひっそりとたたずんでいる。

◆わけありの廃駅

最近、〝秘境駅〟という言葉をよく耳にする。

それは、〝まるで秘境のような駅〟という意味の造語で、決して本当の意味の秘境ではない。なぜなら、本当の秘境には列車など走っていないからだ。それでは、本当の意味での秘境駅というのは、存在するのだろうか。

前提として、列車が来ない駅となると、廃線の駅ということになる。そして、秘境の名にふさわしいロケーションにあり、駅だと一目で分かる保存状態も要求される。

私の頭の中に浮かんだ駅はただ一つ、三重県にある旧東青山駅だった。この駅は近畿日本鉄道（近鉄）大阪線の旧線跡にあり、廃止から40年が経過した今も、山奥の草むらの中にプラットホームが現存する。そのロケーションはまさに秘境であり、そして、どう見ても駅である。

私が最初にこの駅に興味を持ったのは、10年前のこと。元々鉄道と廃墟に興味があったので、それらのハイブリッドである廃線にも当然興味があった。日本各地に無数に存在する廃線の中で東青山駅に目を付けたのは、その雰囲気と、廃線に至る経緯だった。

元々、近鉄大阪線はかねてから全線の複線化が計画されており、それに伴い東青山・西青山駅を含む青山峠区間は大幅に線路が引き直される予定だった。その計画が、１９７１年に起きた列車事故をきっかけに前倒しされ、単線区間は予定よりも早い１９７５年に廃止された。

最初にこの駅を訪れた時、現在の東青山駅周辺を探索したが、それらしいものは見当たらなかった。線路脇を歩いて大阪方面へ向かうなど、数時間かけて探索するも手がかりが掴めず、住民の方に聞き込みをして、ようやく場所を突き止めた。

しかし、教えられた道を車で進んでいると、どんどん山奥へと向かい、途中で道路の舗装が切れて車での走行が不可能になった。

車を乗り捨てて歩いたのはいいが、あまりにも急な上り坂で、かつてこの先に駅があったなどとは、にわかに信じられない雰囲気になってきた。今はただの林道にしか見えないこの道が、当時は駅に通じるメインストリートだったのだろうか。ついには滝まで出現し、さすがに滝の上に駅、しかも近鉄大阪線という主要路線の駅などある筈がない。諦めモードになっていたその時、視界が開けた。

私の目に飛び込んできたのは、何とも不思議な光景だった。

草むらの中に駅のプラットホームが２面、浮かんでいる。駅の前後にはトンネルがあり、トンネルとトンネルの間の僅かな地表に、無理やり駅を作った感じがする。あり得ない光

でいる。

この東青山駅の話をするのなら、廃線を早めるきっかけとなった鉄道事故について、避けては通れない。

事故が起きたのは、1971年10月25日のこと。東青山駅の西側にある青山トンネル内において、名古屋行き特急電車が、安全装置の誤作動により緊急停止した。現場は日本屈指の急な下り勾配が連続する場所だった。

運転士は安全装置の解除を試みるも上手くいかなかったため、安全のために車止めを各車両にかませた上で、通常のブレーキを強制的に解除した。

そこへ、列車が停止しているとの連絡を受けて駆けつけた東青山駅の助役が、運転士が車止めを外してしまう。なぜ外してしまったのか、今となっては不明だが、運転を再開するにあたり車止めが邪魔になるとでも思ったのだろうか。

そして、ゆっくり急勾配を下り始めた列車は、止める術がないまま、速度を上げてゆく。数百メートル先の東青山駅で対向列車と行き違う予定だったが、ポイントをこじ開けて通過。山の麓に到達する頃には、時速120キロを超えていたという。トップスピードのまま信号所を赤信号で突破。ポイントを曲がりきれずに脱線した。線路を逸脱しても列車の勢いは衰えず、前2両は転覆した状態で信号所のすぐ先にある総谷トンネルに突入、3両目はトンネルの入口に激突した。

その時、不運なことに東青山駅で行き違いをするはずだった賢島発難波・京都行き特急列車が直近に迫っていた。両列車が総谷トンネル内で正面衝突し、死者25名、負傷者227名という大惨事となった。

当時、総谷トンネル周辺にアクセス道路が存在せず、救助隊が現地入りするまでには相当な時間を要した。また、負傷者の搬出も同様で、トンネル内での事故ということもあり、救助活動は困難を極めた。唯一状況を知る運転士と車掌、助役がいずれも死亡したため、現在においても事故原因は完全に解明されておらず、謎の多い事故だった。

事故からおよそ40年、旧青山峠区間に存在した西青山駅は面影もないが、東青山駅は当時のまま残っている。事故の詳細を知ってしまうと、いつもの探索の感覚で総谷トンネルに入るのは不謹慎な気がするが、東青山駅で

青山トンネル内部にわずかに残った鉄道のなごり。

あれば気がねする必要もないだろう。

東青山駅の四季の中で、私が最も好きなのは夏だ。生い茂る緑の海にプラットホームが浮かんでいる姿は、何度見ても面白く、感動的だ。

そして、かねてより東青山駅で挑戦したいことがあった。それは、緑に浮かぶホームの上で、自ら列車を待つサラリーマンになりきること。草に埋もれるプラットホームというあり得ない光景の中に、自分も溶け込みたいと思ったからだ。

◆これが本物の秘境駅だ

ついに10年来の希望を実現させる時が来た。なぜ着想から10年もかかったかというと、こんなアホらしい行動に付き合ってくれる人がいなかったからだ。

廃線や廃墟を探索する時は1人のことが多いが、この構想は風景に溶け込んでいる私の姿を見届けて、写真に収めてくれる協力者が必要だった。

そして、ようやく見つかった協力者は……まだ面識がなかった。作戦当日、早朝に三重県内で落ち合った我々は、まず自己紹介から始めた。初対面の相手に、図々しくも車に乗せてもらい、東青山駅を目指す。

生い茂った草の高さとホームの高さがほぼ同じになってしまっている。

その2時間ほどの道中で、まず確認したかったのが、何と呼べばいいかだった。そして、最終的に〝探偵〟に落ち着いた。なぜ探偵かというと、探偵業を営んでいるからという、明快な理由だった。

探偵さんの運転で東青山駅の近くまで到着し、ここからは歩くことになる。私はスーツに通勤鞄、一方の探偵さんは、Tシャツにサングラス、サンダル履きだ。どちらもこれから山に入ろうという格好じゃないし、奇妙な組み合わせだ。私だったら山でこんな2人組に遭遇したくない。

今はただの山道でしかない駅へのアクセス路を歩く。通勤鞄の中に一眼レフカメラや昼食、お茶等を隠し持っているので、やたらと重い。ただし、慣れた道のりで距離感も分かっているので、苦にはならなかった。

橋で川を渡ると、心臓破りの坂に差しかかる。40度ぐらいあるんじゃないかと思うほどの急坂が続き、少し歩いただけでも息が切れてくる。滝が見えてくれば、ゴールは目の前だ。

約1年ぶりに、あのホームが見えてきた。いつもながら、滝の上に駅があるというのは、自分の目で見ても信じがたい光景だ。探偵さんはここに来るのは初めてとのことで、歓声を上げている。

しばし眺めてから、いよいよホームに上ってみる。コンクリート製のプラットホームは、枕木の骨組みで支えられている。風雨に曝されながら、よく40年間も崩壊せずに原型を保っているものだと、感心させられてしまう。

ホーム上には色あせた白線が残っており、間違いなく駅のプラットホームであることを物語っている。生い茂った木々がホーム上に覆いかぶさり、自然が浸食しつつある。

今の様子だけを見ていると、すぐにでも自然に還ってしまいそうに思えるが、冬場に来ると緑が完全に枯れて、往時に近い光景に変貌している。

興奮して写真を撮りに走り回っていた探偵さんを呼び戻し、いよいよ作戦を実行に移す。私のカメラを渡して撮影を依頼し、通勤鞄からおもむろに今日の朝刊を取り出す。ホー

10年来、これがやりたかった。

ムの中ほどで立ち止まり、腕時計を気にしながら白線の内側に立って電車を待つことにした。

電車の待ち時間を利用し、片手に持っていた新聞を広げ、まずは社会面から目を通す。第2社会面、一面、地方面と読み進めるが、一向に電車は来ない。何度も腕時計を見てイラつきながら、「全然来ないな。ひょっとして人身事故でもあったのかな」とつぶやいた。ここで探偵さんから、「まだですか～？」と声がかかり、終了。10年来の小さな企みは実現した。これで最大の目的は達成された。

◆長い長い階段の上で大発見

もう引き上げてもよかったのだが、早朝に出発したこともあって、時刻はまだ午前9時を少

石や枯葉が積もった階段をえんえん登っていく。結局登り切るまで30分かかった。

し回ったところ。コンビニで買った昼食を広げるにも早すぎる時間だ。

そこで、かねてより気になっていた場所を探索してみることにした。それは、旧東青山駅のすぐ北側にある山の斜面で、駅から長い階段が続いている。過去に少しだけ登ったことがあったが、延々と階段が続いていて、すぐに挫折した。

登ったところで何もないかもしれないが、何かがあるかもしれない。まずは、それを確かめたかった。また、何もなかったとすると、何のために階段が造られたのかという新たな謎が浮上することになる。謎は一つずつ潰していかないと気が済まない。

階段は荒れ果て、落石と植物の楽園になっていたが、もちろん着替えなど持ってきていない。一張羅のスーツで自然に立ち向かうことを余儀なくされた。

階段は、落石と落ち葉で完全に埋もれ、登山道というか獣道のようになっていた。そんな道をしばらく登っていて気がついたことは、スーツって意外とアウトドアに向いているということ。暑くはあるが、直射日光を遮ってくれる。また、植物のトゲはひっかかりやすいが、藪を越える際の防御力はかなり高い。それを探偵さんに話すと、「それって、全然向いてないと思いますよ」と言われてしまった。感覚の違いというやつか。

スーツはともかく、通勤靴で急斜面を登ると、非常に滑りやすくて危ない。また、通勤鞄を持っているので、常に片手しか使えない。駅にいる時は肌寒いぐらいだったのに、10分も登ると汗をかいてきた。立ち止まって休憩すると、くじけて目標を見失ってしまいそうなので、どんなに暑くても登り続けた。

30分が経過し、汗だくになった頃、怪しい石垣が見えてきた。石垣の上はフラットになっており、生活道具等が散乱している。どうやら、終着地点にたどり着いたようだ。

以前はここに小屋が建っていて、倒壊してしまったように見える。早速、２人で手分けして残留物を精査し、検証する作業にとりかかった。

多くの飲料の空き瓶が発見されたことと、釜や調理器具等があったことから、住み込みの売店だったものと推測される。しかし、駅から離れたこんな位置に、なぜジュースを売る売店があったのだろうか。頭をかしげていると、探偵さんに大声で呼ばれた。

「ちょと手を貸して下さい」

駆けつけると、ペラペラの大きな金属板が土に埋もれていた。建材か何かかと思ったが、一応掘り起こして裏返してみたところ、立て看板の一部だということが分かった。

土が付着していて全く読み取れなかったため、丁寧に土を取り除き、唯一の飲料であるお茶をすべてふりかけた。

すると、看板には「11月23日から東青山駅移転に伴いハイキングコースが下記のとおり変更になりましたのでご了承ください」と書かれていた。その下にはハイキングコースと新・旧東青山駅の地図も描かれており、看板の設置者は地元の観光協会と近畿日本鉄道の連名になっている。設置されたのは線路が切り替わった１９７５年と思われるが、年は一切書かれていなかった。

「これは世紀の大発見だ！」

と色めき立った我々は、異常に興奮していた。確かに、これまで旧東青山駅の廃線を示す残留物というのは、見たことがなかった。新線に切り替わった経緯を考えると、地元の観光協会にしても鉄道会社にしても、廃線となった旧線のことにはあまり触れたくなかったのだろう。そのため、切り替え当時も必要最小限の広報に留め、看板も一定期間経過後にすべて撤去したのかもしれない。だから年も書く必要もなかった。そして、駅から遠く離れたこの看板だけが残っていた。などと、我々は勝手な憶測をしてみた。

いずれにせよ、我々が歩いてきた道は、旧東青山駅と運命を共にしたハイキングコースであることが分かった。そして、今我々がいる場所は、そのハイキングコース上に存在した売店ということになる。多くの謎が解けてスッキリしたところで、折り返すとしよう。

落ち葉と落石が堆積した急階段は、登る時よりも下りる時のほうが怖い。足を滑らせれば、はるか下まで転がっていきそうな角度だ。慎重に階段を下り、旧東青山駅まで帰ってきた。少し早い時間だったが、お腹も空いたし、ホーム上で昼食を摂ることにした。炎天下、通勤鞄の中で蒸されていたが、オニギリなので問題はないだろう。

焼き鮭と明太子のオニギリをほおばると、やたら喉が渇く。そして、思い出してため息をついた。山の上で看板の土を洗う際、すべてのお茶を使っていたのだった。

「まったく、ここは駅前なのに自販機の一つもないのか。本当に、秘境駅だな」

捨てゼリフを残し、我々は麓のコンビニへと向かった。

看板を裏返してみると…。

【秘境.06】長崎県長崎市

軍艦島

【高層建築にかたどられた無人島】

長崎県の野母半島の沖に浮かぶ廃墟の島・端島。狭い島内には無数の高層ビルが立ち並び、島全体が護岸壁で囲われているその外観が、軍艦・土佐に酷似していたことから、〝軍艦島〟の愛称で親しまれるようになった。数年前までは一部の廃墟マニアの間でのみ知られる存在で、知る人ぞ知る廃墟の聖地だった。それが世間に知られるようになったのは、ここ数年のことだ。

◆世界遺産を目指す廃墟島

軍艦島は、元々は無人島だった。

1800年頃に島内で石炭が発見され、細々と手掘りで採掘されていた。1890年に当時の三菱財閥が所有権を得ると、近代的な炭鉱開発が行われるようになり、年間40万トンもの良質な石炭を産出した。

その結果、島の周囲は埋め立てられて当初の3倍以上の面積に膨れ上がり、わずかな敷地内に多くの人々が暮らす必然性から、高層の集合住宅が乱立するようになった。1916年には、わが国初となる鉄筋コンクリート7階建ての高層住宅が建設された。大正の時代に、7階建てや9階建てのビルが、日本の離島に存在していたのだ。

外周1・2キロの小さな島に5200人以上の人々が暮らし、人口密度は世界一であった。島内には商店街やスナック、病院や神社もあり、生活には困らない。幼稚園と小中学校も開校したため、小さな無人島だった軍艦島は、いつしか島内のみで生活が完結できるまでになった。

しかし、繁栄は長くは続かなかった。高度経済成長がもたらしたエネルギー転換、経済成長に伴う海外資源の流入等々、今まで人類が経験したことのない、激動の時代が訪れた。

１９６０年代以降、国内の炭鉱は次々と姿を消していった。軍艦島も例外ではなく、１９７４年、ついに閉山のやむなきに至った。そして、世界一の人口密度を誇った軍艦島は、再び無人島に戻ったのである。

無人島になった後も、多くの建物は廃墟のまま放置されていた。２０００年頃になって、産業遺産として素晴らしい価値があることに気付いた地元の有志が、世界遺産登録に向けた活動を開始した。

また、〝ハウステンボス〟が経営破綻したこともあって、長崎県は軍艦島を観光の目玉にしようと考えるようになり、軍艦島を周回する〝軍艦島クルーズ〟が運航を開始すると人気を博した。

こうして世間に認知され始めた軍艦島であったが、世界遺産に登録するためには一般客の上陸の可否が大きなポイントとなっていた。そして、２００９年、ついに上陸ツアーが解禁され、本格的な観光地化と世界遺産登録へ動き出した。

◆立入禁止時代の軍艦島へ

ある春の日、同じ職場の友人と４人でレンタカーを借りて、長崎に行こうと思い立った。

夜中に名古屋を出発し、下道を走り続けて長崎に向かうという計画だ。

夜の8時。レンタカー屋で男4人が車に乗り込み、長崎を目指した。岡山で日の出を迎え、広島では宮島で鹿に囲まれ、山口では秋吉台のカルスト台地を眺めていた。

そして、出発してから2日後の午前4時、ついに長崎県野母半島に到着した。最大の問題は、どうやって軍艦島に渡るのかということだ。そう、我々は軍艦島に渡る方法を得ないまま、現地まで来てしまったのだ。立入禁止であるため、もちろん定期航路などない。長崎まで行って無駄足に終わるかもしれなかったのだから、無茶苦茶な話だ。

まずは漁船か釣り船をチャーターする方法を思い付き、周辺の漁港を片っ端から当たった。午前4時という時間が功を奏してか、港に行くと必ず人がいたのはありがたかったが、答えはすべてノーだった。次第に空が白み始め、軍艦島の輪郭が海の向こうに見えてきた。もう目の前に見えているのに、行く方法がないというのは、もどかしすぎる。

このままでは港に人がいなくなってしまうという焦りもあって、何箇所目かの漁港で粘り強く交渉してみた。それでもやはり良い返事はもらえなかった。対応してくれたおばちゃんは、申し訳なさそうに、

「本当は連れて行ってあげたいんだけど、バレたら漁協を追い出されて生活できなくなっちゃうから……」

と言い、我々を見送ってくれた。

これでは、絶対にどの漁船にあたっても無理な筈だ。逆に、これまで3時間もかけて無茶なお願いをしまくっていたことが、とても申し訳なく思えてきた。漁船・釣り船という最大の選択肢を失ってしまったが、長崎まで来てこのまま引き下がるわけにはいかない。

その後、詳細は書けないが、それなりの金銭と引き替えに、何とか上陸できる方法が見つかった。

職場の仲間と4人で上陸……と思っていたが、直前になって1人は「ちゃんぽん食べに行く」と言って中華街に消え、1人は「パチンコでもしてるわ」と言い残して去っていった。

島への立ち入りは禁止されていたので、上陸にはとても苦労した。

◆あちこちに残る高層ビル

2名になった我々を乗せた船は、徐々に島に近づいてゆく。輪郭でしかなかった島がはっきりと見えるようになり、まさに軍艦のような風貌を露わにした。

近づくにつれ、コンクリートの建築物のひとつひとつがくっきりと見えてきた。

廃墟と化し、瓦礫が散乱した島内に乱立する高層アパート群。コンクリートが風化して、所々で崩れ落ちている。鉄骨の錆びた赤茶色が、灰色のコンクリートの表面に流れ出している。その光景を見た瞬間、2晩徹夜してボーっとしていた頭が瞬時に覚醒した。我々は声も出ない光景を、ただじっと見つめていた。

上陸前のサービスなのか、島の周りをグルっと一周してくれた。ようやく我に返った私は、思い出したかのようにカメラを取り出し、揺れる船の上から写真を撮った。今までに見たことのない世界で、これからその世界に入るのだと思うと、とてつもなくワクワクしてくる。

色々あったが、野母半島に着いてから5時間後の午前9時、ついに上陸を果たした。

我々を乗せてきた船は、軍艦島の船着き場にギリギリまで近づいたが、接岸することはなかった。我々が船首から飛び移るや否や、船はバックして去っていった。船長とは、６時間後の午後３時に迎えに来てくれる約束をしていた。

軍艦島と呼ばれる所以でもある護岸壁をよじ登り、島内に入ると、目の前には我々を圧倒するかのような７階建ての廃墟ビルが建っていた。

窓は割れてなくなり、壁はサビ色に染まって無惨な姿を晒しているが、小学校兼中学校だった建物だ。７階建ての学校なんて、今でも珍しいのではないだろうか。それが、この島では昭和33年に建設されていた。東京タワーと世界初のインスタント麺であるチキンラーメン、そして、この端島小中学校が同い年というのだから、驚きだ。

これまでに見たことがない、とてつもない光景に圧倒されていた。これでは、何もしないうちに時間が過ぎてしまいそうだったので、とにかく島内を回ってみることにした。

本当なら一軒ずつしっかりと内部も見たいところだが、６時間という限られた時間では不可能だ。そのため、まず

かなり高い護岸壁をなんとかクリアして上陸。

は島内を一周して外観だけを見て回り、その後、時間を調整しながら気になった建物の内部を探索するという作戦をとることにした。

　学校のグラウンドから反時計回りで島を歩き始める。早速、学校のすぐ隣に9階建ての高層住宅がそびえ建っている。

　資料によると、65号棟といわれる鉱員住宅（鉱山従事者と家族のための住宅）で、建てられたのは、なんと昭和20年だ。第二次世界大戦の終戦の年に、9階建ての高層住宅が誕生していたのだ。

　ベランダは一部の階が崩れ落ち、連鎖的にその下層の階のベランダも崩れてしまっている。右を振り向くと、グラウンドの外れに2階建ての小ぶりの建物が見えた。端島病院だ。その横には2階建ての教員アパート〝ちどり荘〟が並ぶ。また、正面を向くと、4階建ての鉱員宿舎が見える。導かれるようにふらふらと通路を歩いて行くと、前方には数え切れないほどの高層住宅が建ち並んでいた。思わず絶句して、立ちつくしていた。言葉が出なかった。

　本当にここは日本なのか、現実の世界なのか、信じられない。そして、現実ではない世界に飛び込んだかのような、不思議な感覚に陥った。

　歩いて行くと、先ほどの65号棟を側面から見ることになる。いや、先ほど見ていたのが

この65号棟だけで一体何人が暮らしていたのだろうか。

側面で、こちらが正面といったほうが正解かもしれない。ただでさえ巨大に見えた65号棟だったが、その裏にもう一つ同じ規模の建物があり、コの字型に繋がっていた。軍艦島で最も大きな建物らしいが、この一棟だけで何世帯が暮らしていたのか、想像もつかない。

圧倒的な存在感を放つ65号棟を過ぎると、左右に高層住宅が乱立している。ビルとビルの間の狭い通路には、瓦礫が山のように積もっていた。歩きにくいので住宅内に入り、51号棟の中を移動することにした。

◆約90年前の建築技術を体感する

建物の中に入ってしまうと、つい階段を上りたくなるのが人情というもの。無意識のうちに、階段を上っていた。

気のせいか、足で踏んだコンクリートが沈み込む感じがする。この建物は昭和31年完成と、比較的新しいが、潮風に長年曝され続けたため、コンクリート内部の鉄骨もないに等しい状態だと言われている。これまで歩いてきた通路にも、上から落下してきたベランダや階段が転がっていた。否が応にも慎重にならざるを得ない。

ビクビクしながら、なんとか最上階の8階まで到達し、周囲を見回す。正面に見える巨大なビル群は、16〜20号棟だ。すべて1918年（大正7年）に建てられており、16〜19号棟は9階建て、20号棟は7階建ての鉱員住宅で、5棟が横に並び、繋がった構造をしている。

大正7年に鉄筋コンクリート9階建てのビルが日本にあったなんて、軍艦島に来るまで知らなかった。こちらの昭和36年に造られた51号棟と比べてもほとんど見劣りしないのは、あまりにも年月が経過しているからなのか、当時の技術が確かだったからなのか、今となっては判断がつかない。

ちなみに、島内に密集する多くの建物は連絡通路で結ばれ、建物間の各階で自由に行き来ができるようになっている。今いる51号棟と正面の18号棟も、すべての階が連絡通路で結ばれていた。

だが、今の状況では決して渡りたくはない。コンクリートが剥がれて木材がむき出しになっており、人の荷重に耐えられる保証は全くない。9階の通路に立っているだけで恐怖を感じるというのに、連絡通路を渡るなど、とんでもない話だ。

正面から右に視線を移すと、無数の廃墟ビルが見える。これから向かうべき場所が、まだまだたくさんあった。こんなところで道草している場合じゃないことを思い出し、1階まで下りて先を急いだ。

51号棟と18号棟を結ぶ連絡通路。

現存する建物の多くは住居で、それに伴う商店や娯楽施設も、高層住宅の地階に併設されていた。中には牢獄を備えた部屋もあり、どうやら駐在所があった建物のようだった。鉄筋コンクリートの建物は異様な風貌を晒しながらも残っているが、木造の建築物はことごとく倒壊し、消失していた。

島の中心部は小高い丘になっていて、これも軍艦の風貌を作り出す大きなファクターになっている。島の北東から上陸して探索してきたが、南端に近づくと瓦礫の山が一段と高く積み上がっており、進むのが困難になってきた。島を取り囲んでいる護岸壁の上を歩くこともできるが、海上から発見されやすく、逮捕というリスクが高くなる。そこで、島の中心部を南北に延びる丘陵へと進むことにした。

この丘陵にも住宅はあるが、数は決して多くない。丘に上がると、ついに島の南端が見えた。そして、すぐ下には正方形の30号棟が見える。正方形の中心が吹き抜けになっている斬新な構造をした7階建てのアパートで、建設されたのは、なんと大正5年。この建物こそが、軍艦島で最古の高層住宅、すなわち日本最古の高層住宅だ。

色あせたコンクリートの内部は灰色一色で、カラーがなくなってしまったように感じる。内装は崩れ落ち、コンクリートの箱だけが残っているという印象だが、第一次世界大戦のさなかに建設されたのだから、形が残っているだけでも優秀だろう。この意匠的な構造といい、なんとも大正ロマンを感じさせる建物だ。

丘の西側は、これまで見てきたように高層住居が立ち並んでいるのに対し、東側には背の高い建物はなく、巨大な鉱山施設が点在している。

我々は、緑道と呼ばれる丘陵中腹の通路を歩くことにした。これまで見てきた景色とは打って変わり、広々とした地面が見える。

その地面には、遺跡のようにも見える多くの柱が立ち並んでいたり、コンクリートの基礎だけが残っていたりする。等間隔に立っている柱は、かつて石炭を運搬していた巨大ベルトコンベアの足だった。見ただけでは、何か想像もつかない遺構ばかりだ。

緑道から下に降り、遺構を眺めながら歩いていると、小中学校の裏まで戻っていた。これで島内を一周してきたわけだが、時刻は午後1時になっていた。これまでに4時間が経過し、残された時間は2時間だ。

◆島に残る人々の気配

まずはインパクトの強かった小中学校の各階をくまなく精査することにした。

学校らしい痕跡がたくさん残っていて時間を忘れそうになるが、他にも訪問したい場所はたくさんある。最上階まで各フロアを駆け足で巡った。教室の窓から海が見えるなんて素敵なシチュエーションだが、ここに住んでいれば当たり前の光景だったのだろう。

続いて向かったのは、グラウンドの向こうにある端島病

ベルトコンベアの丈夫な部分だけが残っていた。

訪れる人もいない建物の中は、場所によってはきれいに残っていた。

院だ。さすがに薬品や注射針といった危険な品は撤収されているが、ベッドや手術室の無影灯は放置されている。病室の窓ガラスはなくなり、ベッドは腐食してボロボロの金属の骨組みだけになっている。無影灯は床に転がっていた。

続いて、大正7年に建設された高層ビル群、16～20号棟に向かった。

まずは16号棟の手前にある階段を上ってみた。この階段は建物内の階段ではなく、16号棟と隣の57号棟の間を這うようにして造られている。通称〝地獄段〟と呼ばれるマニアの間では有名な階段で、丘の最上部まで続いている。

長く続く階段の終点にあったのは、神社だった。一般的に事故が多いと言われる炭坑にあって、鉱山と鉱員、島の安全を守り続けてきた端島神社だ。これからも島が安全であることを祈願し、階段を下りる。

休む暇なく16号棟に入る。大正時代の高層住宅だけあって、内部はそれなりにガレてい

地獄段は、右手にある16号棟の中を突き抜ける造りになっている。

た。しかし、島内の他の住宅と比べても、大差ない感じだ。建設された年代が違っても、人が去った年代が同じだからだろうか。

　すべての窓は跡形もなくなり、コンクリートの壁にただ四角い穴が開いているだけの状態になっている。部屋の内部にもこれといった残留物は見当たらない。あったとしても、風化して自然に還っているため、ないに等しい。各階の通路には剥がれた壁が散乱し、瓦礫が覆い尽くしている。

　大量の瓦礫の発生源となっている建物本体はというと、所々で鉄骨がむき出しになっていて、その鉄骨は指でつつくと表面がポロポロと崩れてしまう。今こうして、巨大な建物が倒壊せずに建っているのが不思議なぐらいだ。

　瓦礫が積み上がった通路を足早に、17号棟、

18号棟、19号棟と駆け抜ける。一旦建物を出て、これまで歩いてきた建物を外から眺めると、改めてその姿に圧倒される。

次に我々が目指していたのは、廃墟ではなく灯台だった。島の南北に走る丘の南端に、肥前端島灯台がある。

この軍艦島の中で唯一稼動している施設である灯台に向かったのは、灯台が見たかったわけでも写真に撮りたかったわけでもなく、ただ昼飯を食うためだった。先に島内を一周した際、ここで昼飯を食おうと心に決めていた。

灯台の土台部分に腰を下ろし、バッグから今朝コンビニで買ったオニギリを取り出す。3月の風はまだ肌に冷たいが、晴れ渡った青空から降り注ぐ太陽光は、十分に暖かい。まさに廃墟日和だ。真っ青な空と真っ青な海をバックに、日本最古の30号棟や多くの鉱員住宅、炭鉱施設等を見下ろしながら、オニギリをほおばる。至福のひと時だ。

時間が限られている中、食事をしなければもっと多くの建物を訪問できただろう。この軍艦島を不法に訪れる者の多くは、そうしているに違いない。だが、かつてこの島に暮らしていた人たちも、1日に3度は食事をしていた。たった一度ではあるが、食事という人類普遍の行為を通じ、当時の人たちと同じ行動をすることで、距離が縮まる感じがする。

この島に一歩足を踏み入れた時から、どんどん現実の世界から離れていく気がしていたが、春風に当たりながら当時の暮らしぶりを想像していると、目の前の非現実的な世界が、現代の現実の世界と少しずつ結び付いてくるように思えた。

迎えの船が来るまで、あと30分。中を見ていない建物も多かったが、思い残すことはない。存分に軍艦島を体感した。船着場に向かって、ゆっくりと歩き始める。

船着場に出ていると海上警察に見つかってしまうので、うかつに防護壁の外には出られない。軍艦の船影となる防護壁は、いい感じに不法侵入者を隠してくれる。

約束の3時が近づき、防護壁の内側で船の接近を確認してから船着場に出る。約束どおり、3時ジャストだ。船が岸ギリギリまで近づくと、我々は飛び乗った。すると、すぐに船は後退し、方向転換して軍艦島を離れていった。

軍艦島に上陸していた我々と、パチンコやグルメを楽しんでいた2人が合流し、帰路に着いた。上陸組の2人と、残留組の2人とのテンションの違いは明白だった。

「今日はちゃんぽんで5軒もハシゴしたわ～」「パチンコで5000円勝った！」と浮かれている2人を、憐れむような目で見ていた。

何事にも変えがたい、かけがえのない経験をした1日だった。遠い道のりではあったが、本当に来てよかったと、心から思う。

さあ、気合を入れて、また下道で名古屋まで帰ろうか。

【秘境.07】岐阜県加茂郡・瑞浪市

深沢峡

【ダムに沈みゆく地】

木曽川の流れにより浸食されてできた峡谷で、一時は人気を博した観光地であったが、現在は唯一のアクセス路である県道が通行止になっており、訪れる者もいない。１９５５年に建設されたダムによって、峡谷の40メートルが水没した。今後、ダムを嵩上げする計画があり、実現すれば峡谷は完全に水没してしまう。

◆忘れられた秘勝へ

長野県から流れ込み、岐阜県を貫いて愛知県、三重県へと続く木曽川。全国5位の流域面積を誇る一級河川だ。

その木曽川流域には複数の峡谷が存在している。特に岐阜県内では、中津川市から可児《かに》市までの間に恵那《えな》峡や蘇水峡といった峡谷があり、観光地化されている。可児市から各務《かがみ》原《はら》市にかけては、その流れがヨーロッパのライン川に似ていることから〝日本ライン〟と呼ばれ、船で川を下る〝ライン下り〟が有名だ。

そんな木曽川に、忘れられた峡谷が存在する。恵那峡と蘇水峡の間に位置する深沢峡だ。深沢峡は大正時代以前、知られざる秘境であったが、1932年（昭和7年）に毎日新聞社が募集した〝日本十二秘勝〟に選定され、一躍有名になった。

その後の1955年、すぐ下流に当時国内最大規模だった丸山ダムが建設されると、川の水面が40メートルも上昇し、景色は一変した。これがまた話題を呼び、深沢峡までの定期バスが運行し、丸山ダムからは毎日3便の遊覧船が出ていた。

その後、観光客の足が徐々に遠のき、1980年代の半ば、ついに観光地としての使命を終えた。遊覧船が廃止されて以来、唯一のアクセス路であった岐阜県道352号線は全面通行止となった。県道は現在も通行止のままで、訪問者を拒み続けている。

◆謎の廃墟との邂逅

深沢峡を最初に訪れたのは、2004年春のこと。木曽川の左岸、岐阜県瑞浪《みずなみ》市側の通行止開始地点からスタートし、木曽川右岸にある岐阜県八百津《やおつ》町の国道418号交差点までの踏破を目指した。距離にして約3キロ、1時間もあれば歩けるだろう。

通行止ゲート手前のスタート地点は、なぜか広くなっていたため、そこに車を停めて早速歩いてゆく。

最初のゲートは、ガードレールを上下2段に設置し、車両の進入を防いでいる。ゲートの脇には〝この先落石及び道路狭小のため車両等は通行出来ません〟と書かれていた。

荒れてはいるが舗装された道を歩いていると、先程と同じ構造のゲートが設置されていた。そこには〝この先落石及び道路狭小のため通行

第2のゲートにある看板。「車両」の文字はない。

は出来ません〞と書かれており、先ほどの文章から〝車両〞の文字がなくなっている。

こちらのゲートを越えると道は一気に狭くなり、舗装も切れて獣道になった。右側は山の岩肌、左側は深沢川の峡谷になっていて、川の流れは遙か下に見える。所々道が崩れていて、一歩足を滑らせれば非常に危険だ。通行止である理由が分かった気がした。

あやしい雰囲気の公衆トイレ。詳細は後日判明することになる。

歩いていると、四角いコンクリートの建物が見えてきた。近寄ると、それは公衆トイレであることが判明した。

しかし、なぜこんな人気のない場所に公衆トイレなんか造ったのだろうか。この鬱蒼とした廃道の中で、ひと際不気味な雰囲気を醸し出している。

トイレのすぐ先で道が分岐しており、本線は大きく右にカーブしている。左に分岐する道には、自然木で組んだだけの鳥居らしきものが設置されていた。こんな場所に鳥居なんて、気になってしょうがない。時間もあることだし、寄り道することにした。

鳥居をくぐって歩いていると、これまで下方に見えていた深沢川が徐々に近づいてくる。どうやら、川に下りるための道らしい。

数分で深沢川に到達したのだが、その素晴らしい景観に思わず息を呑んだ。川には10メートルを超えるような巨大な岩が折り重なり、その間を水がしぶきを上げて流れている。視線を上に向けると、視界いっぱいに広がる超巨大な一枚岩がドーンと構えていた。

見事な絶景だが、ただの絶景ではない。今ここにいるのは自分一人だけで、これほどの絶景を独り占めしているのだ。

霧ヶ滝のすぐ下流近くにあった一枚岩。高さは20メートルほどある。

しばし観覧した後、轟音が聞こえてくる上流へと歩を進めた。苔むした岩肌で足場は悪いのだが、どうしようもなくワクワクしてくる。

岩場を一つ越え、見えてきたのは滝だった。霧ヶ滝という滝で、落差は10メートルぐらいだろうか。決して大きくはないが、轟音と水しぶきを上げている滝は、感動そのものだった。この状況を秘境と

深沢峡にディープにはまるきっかけになった伊三松。

言わずして、何が秘境だろうか。

人っ子一人いない滝を充分に堪能した後、県道に戻って先へ進む。すると、木々の隙間から一軒の廃屋が姿を現した。

こんな山奥で廃屋に出会えるなんて思ってもおらず、嬉しいハプニングだ。軽く内部を覗いてみたが、どうやら峠の茶屋だったようだ。〝伊《い》三《さ》松《まつ》〟という屋号で、県道に面して物品を売っていたようなショーケースがあり、店内には6畳ほどの小さな座敷もあって、座敷からは木曽川の流れが一望できる。

観光客を当て込んだ感じだが、こんな場所に観光客なんて来ていたのだろうか。あり得ない場所にあった廃屋だけに、強烈に印象に残った。

廃屋を過ぎると、右手は山肌、左手には木曽川が流れ、一層険しくなった県道が続く。

鉄筋でしっかりしているのに、歩きだすのがためらわれる五月橋。

時おり山肌から水が流れ出している箇所があった。水の流れで地表の土砂が削り取られ、とてつもなく大きな一枚岩が露出していたりする。

なんてことのない場所の一つひとつが、いちいち絶景なのだ。いい眺めなのだが、すべてじっくり見ていると時間がいくらあっても足りない。写真を1枚だけ撮って、歩いてゆく。

そして、ついに本日のメインイベントが迫ってきた。木曽川を渡るための橋梁〝五月橋《さつきばし》〟が見えてきたのだ。今歩いている獣道に対して、あまりにも立派すぎる鉄骨造りの吊り橋だ。

目の前に現れた巨大な吊り橋に興奮し、いざ一歩を踏み出そうとしたのだが、何かがおかしい。橋の底から、木曽川がシースルーで丸見えなのだ。

そう、この橋には通常の底板がなく、鉄骨の上にグレーチングが敷かれているだけだった。水面までの高さは結構なもので、とても渡りたくない状況だ。なぜこんなことになっているのか。橋の管理者を恨みながらも、手すりに掴まり一歩ずつ進んでゆく。元々高い所は苦手だし、ここは通行止区間なので、安全は全く保証されていない。

グレーチングを踏むと、踏む場所によってグレーチングがたわんで沈み込む。踏む場所も考えながら一歩一歩慎重に進み、なんとか中心付近まで来た。

ここからは、木曽川沿いの斜面に建つ伊三松が、遠目ではあるがはっきりと見える。一息つきたいところだが、そんな状況でもない。なるべく下を見ないようにして、無事に五月橋を渡りきった。

その後、国道418号線との交差点まで荒れた山道を歩き、すぐに折り返した。また五月橋を渡るのかと思うと、かなりブルーな気分になるが、車に戻るためには仕方がない。来た道を延々と歩いて、スタート地点まで戻った。

グレーチングとは道路の側溝のフタによく使われている金網状の板。下が丸見えな上にたわむ。

◆判明した真相と深い事情

人っ子一人いない場所で見た絶景、謎の廃屋、そして、恐怖の五月橋。これだけの要素が一箇所に詰まっていたのだから、忘れようにも忘れられない場所になった。

それから5年、私は2人の酷道マニアと出会った。熱き酷道男・蹴りセローさんと、その友人のエーテクさんだ。この2人は、数ある酷道の中でも岐阜県道352号線に傾注し、深沢峡をこよなく愛している。その執念は、深沢峡に取り憑かれたかのように凄まじく、蹴りセローさんは〝深沢峡マイスター〟を自称しているほどだ。2010年春、そんな2人と改めて深沢峡を訪れた。

ある晴れた休日の早朝、いつもの瑞浪市側入口に3人の男が集結していた。私は10回目ぐらいの訪問だが、蹴りセローさんとエーテクさんの2人は、もう数えることもできないだろう。

歩きながら、2人が私に解説してくれる。私がいつも車を停めていた広場は、かつて、路線バスの転回場になっていたという。多くの観光客がここでバスを降り、深沢峡を目指して歩いていた。何度も車を停めていたが、そんな場所とは思ってもみなかった。

その先にある二つ目のガードレールによるゲートから先は、昔も四輪自動車は入れなかった。すなわち、岐阜県道352号の深沢峡エリアは、道ができて以来、一度も車が通ったことがない、ということになる。

色々な話をしながら、まずは霧ヶ滝を目指す。途中にあった公衆トイレは、深沢峡が観光地として賑わっていた当時に瑞浪市が設置したものだと教えてくれた。この2人、いったいどこまでマニアックな情報を持っているのだろうか。

霧ヶ滝の入口にあった鳥居は、いつしか崩れ落ちていた。そもそも、なぜ滝の入口に鳥居があったのか、疑問に感じ、2人に聞いてみた。すると、その昔、難病に苦しんでいる人が深沢川の岩に生える苔を煎じて飲んだところ、病が治ったという逸話があり、それ以来、地元の人の間で信仰の対象になっているという。霧ヶ滝の脇には祠が祀られていて、病が治った人が今でもお礼に訪れているらしい。

その祠に行くには、まずは滝壷近くの川を横切り、さらにハシゴで5メートルほど岩場を登らなければならない。川を横切るといっても、橋などある筈がない。川の水量が少なければ、苔の生えた岩場の上をピョンピョンと飛び移れば何とかなりそうだが、今日はいつになく増水していたため、とても行けそうにない。川に転落すれば、確実に流されてしまうだろう。祠は遠目で見るに留めて、次の目的地、廃屋の伊三松に向かった。

深沢峡の見所といえば、先ほどの霧ヶ滝周辺の渓流と、丸山ダムによって水面が上昇した木曽川の流れだろう。その中心に位置するのが、この伊三松だ。伊三松は急峻な崖にせり出すような形で建てられているが、その真下には東屋という船着場が存在する。我々は、まず船着場へと下りていった。急な坂道が連続する過酷な道のりだ。

息が切れてきた頃、船着場の跡が見えてきた。かつて丸山ダムから出ていた遊覧船は、この東屋まで来ていた。遊覧船が毎日３往復運航され、多くの観光客で賑わっていたという。また、東屋には伊三松が運営する貸しボートもあったが、今となっては朽ちかけた屋根が残るのみである。

現在の様子だけを見ていると、とても昔は賑わっていたように感じられない。それだけに、当時の話はとても興味深かった。ここに遊覧船が来ていたなんて、貸しボートがあったなんて、とても信じられない。

船着場からは、山の間を流れる木曽川と、そこに架かる朱色の五月橋が一望できる。

この景色を飽きるほど見てきた蹴りセローさんとエーテクさんは、以前、ここまで夜景を見に来たことがある。夜景といっても、こんなところに照明など皆無であるため、彼らは満月の晴れた夜を狙って、月明かりに浮かぶ五月橋を見に来たのだという。真夜中に三

対岸側から見ると、伊三松が３階建てであることがよく分かる。

脚を担いで急峻な斜面を下り、こんな場所まで来ていたのだ。昼間でも足を滑らせそうな厳しい道のりだというのに、真夜中に来るとは、本当に取り憑かれている。そんな狂ったような執着心は、私は嫌いじゃない。

　船着場から伊三松に戻り、再び2人から話を聞いた。伊三松は県道から見ると平屋に見えるが、実際には崖の下に1階と2階が隠れていて、県道から見えるのは3階部分だ。

　3階は観光客を相手にした茶屋になっており、2階は、なんと宿泊場になっていた。茶屋と貸しボートの他に民宿も営んでいたというのだ。伊三松で宿泊ができたというのは初耳で、驚きだった。

　当時、伊三松には電気・ガスがきておらず、電話も通じていなかった。また、郵便物や新聞も伊三松までは届けてくれなかったという。そこで、瑞浪市側にある最寄りのお宅が、郵便物や新聞を届け、電話を取り次いでいた。

　最寄りといっても、1キロは離れている。そんな場所から、わざわざ歩いて郵便物や新

深沢峡を見守るように、伊三松の窓は大きくとられていた。

聞を届けたり、電話の内容を伝えたりしてくれていたのだ。なんとも心温まる話だ。

後に、ガスはプロパンを持ち込むことで対応できたが、電気のない不便な生活が続いていた。そんな時、電力会社で働く1人の客が、たまたま伊三松を訪れた。その状況を見かねた男は、なんと個人的に発電システムを構築し、伊三松に提供したのだという。いい客に恵まれ、地元住民にも愛される存在だったことが感じ取れるエピソードだ。

また、深沢峡の観光産業において、伊三松の果たした役割はとても大きい。茶屋と民宿を営んでいた伊三松の存在そのものも含めて、東屋の船着場と貸しボート屋、さらには霧ヶ滝周辺の環境整備も伊三松が行っていた。まさに、深沢峡と伊三松は一心同体であった。伊三松があったからこそ、深沢峡が観光名所として発展したのだと言っても、過言ではないだろう。半世紀にわたって長らく続いていた深沢峡と伊三松の繁栄も、永遠には続かなかった。１９７０年代以降、観光客の姿は激減していた。

そんな深沢峡に決定的な打撃を与える出来事が、１９８７年にあった。伊三松の女将さんが病に倒れ、そして、帰らぬ人となってしまったのだ。女将さんが病で倒れるのと同時に、深沢峡は観光地としての終焉を迎えた。

ここでふと、疑問が浮かんだ。蹴りセローさんとエーテクさんは、なぜそんなことまで知っているのだろうか。いくら文献を調べても伊三松のことなど載っていないだろうし、役場でも把握していないだろう。

２人に聞いてみると、伊三松に手紙や電話を取り次いでいた方のお宅に何度も足しげく通って話を聞き、ついには伊三松の女将さんの娘さんにまでお会いしたとのこと。どうりで、とても詳しい筈だ。しかし、そこまでやるか。

こうした背景を知った上で、廃屋と化している伊三松を眺めると、また違った感情が込み上げてくる。ひっそりと秘境にたたずむ一軒の廃屋は、これからも深沢峡を見守り続けて欲しいと、切に願うばかりである。

◆静かに変化を続ける峡谷

伊三松を後にして、次は五月橋に向かった。この五月橋も、秘境・深沢峡の中で大きな存在感を示している。

木曽川の湖面に映える大きな吊り橋は、観光客で賑わっていた当時は誰もが記念写真を撮影する名所であった。現在はグレーチング敷きになっているが、完成した当時は木の板が敷かれていた。色も朱色ではなく銀色だったので、現在とはまた違った景色を作り出していたのだろう。

橋に到着し、さあ早速渡ろう、と思いきや、蹴りセローさんとエーテクさんの２人は、五月橋の袂から道なき道を川面へと下りてゆく。

２人の行動には全く迷いがなく、入水自殺でもするんじゃないかという勢いだったので、声をかけて引き止める。すると、旧五月橋の痕跡を探すのだという。

現在架かっている橋は二代目となる五月橋で、丸山ダムの建設に伴い水面が上昇したため、架け直された。

初代五月橋は木とワイヤーで造られた非常にスリリングな吊り橋で、渓谷の川面まで40メートルもあった。ダムの建設で水面が40メートル上昇したので、ちょうど今の水面と同

蹴りセローさん所蔵の資料より、昭和28年頃の写真。窓のあいた小さな小屋が売店だ。

じ高さということになる。この雄大な流れの下に、40メートルもの険しい峡谷が隠されていようとは、誰が想像できるだろうか。

そんな旧五月橋の痕跡をなぜ探しているのかというと、架橋位置を特定したいからだ。実は、深沢峡のエキスパートである蹴りセローさんとエーテクさんの２人も、旧五月橋の架橋位置を特定できていなかった。そのため、我々の間では深沢峡最大の謎となっていた。

蹴りセローさんが持ち歩いている当時のモノクロ写真を見せてもらった。新五月橋の橋台のみが建設されていて、そのすぐ横に旧五月橋が架かっている。旧五月橋の対岸左側には木造の小屋も写っている。この写真が右岸から撮られたものなのか、左岸から撮られたものなのかが分かれば、架橋位置が特定できる。

現在の景色と重ね合わせてみるが、うまくいかない。なぜなら、視線の高さが全く違うからだ。もっと低い位置から眺めてみないと、風景が重ならない。

すると、エーテクさんが鞄からノートパソコンを取り出し、起動し始めた。そして、ダムの貯水量が少ない時期に、川の水面と同じ高さから撮った画像を見せてくれた。なるほど、これなら比較しやすい。川の中央より両サイドや真上を撮った画像が、パソコンの画面に並んでいた。しかし、どうやって川の真ん中から写真を撮ったのだろうか。

聞いてみたところ、どうしても五月橋を真下から見たくて、5年前に2人でカヌーを持ち込み、木曽川を下ったとのことだった。この2人、どこまでも筋金入りだ。

その画像とモノクロ写真を見比べた結果、現在の橋より少し上流側に架かっていた可能性が高い。しかし、我々を惑わせたのは、丸山ダムを管理する関西電力が作成した郷土史の資料だった。その資料に添付されている地図には、現在の橋のすぐ下流側に旧五月橋の表記がある。

真下から見た五月橋。調査成果のほんの一例だ。

関西電力は深沢峡を含む木曽川流域の広いエリアにおいて、昔からダム湖及び河川の巡回を頻繁に行っている。その関西電力が作成した資料に、誤りがあるとは考えにくい。かといって、我々の読みにも自信があった。

「七つ滝」の中で最後に残った豪快な滝。

謎は解決しないまま、いよいよ五月橋へ……と思ったが、まだ行かない。今にも川に転落しそうな川べりを歩いて橋の下をくぐる。すると、どこからともなく大きな水音が聞こえてきた。そう、見えてきたのは滝だった。深沢川で見た霧ヶ滝よりも大きく、落差は10メートル程だろうか。

少し入り組んだ場所にあったため、こんな大きな滝に今まで全く気付かなかった。七つ滝というこの滝の水は、木曽川にダイレクトに流れ込んでいる。

なぜ七つ滝なのかというと、現在の川の下に、6つの滝が沈んでいるからだ。かつては7段の壮大な滝だったとのことで、蹴りセローさんが当時のモノクロの絵はがきを見せてくれた。蹴りセローさんは本当に色んな資料を持ち歩いていて、感心させられる。

また、地元の人の話によると、現在我々が滝を眺めている場所で、川の水で冷やしたラムネが売られていたという。この証言も、我々が旧五月橋は現五月橋の上流側に架かっていたとする理由の一つだ。

当時の写真に写っていた、橋のすぐ脇にある小屋には、水車らしきものがかすかに見て取れる。水車の上には水の筋らしきものが見えるが、モノクロで粒子が粗い写真のため、はっきりとしない。五月橋近くの滝といえば七つ滝しかない。写真に写っているのが水車であれば、我々の上流側説が正しいということになる。

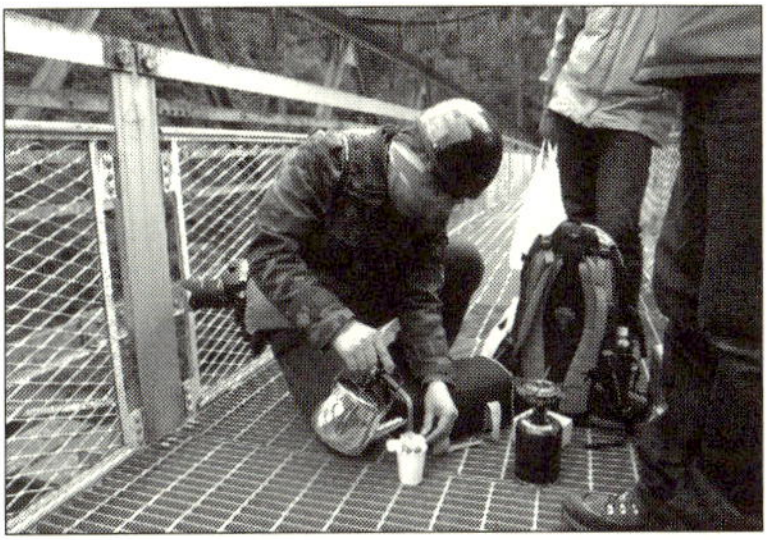

足下を含む360度のパノラマを楽しみながら、橋の上でコーヒーを飲む。

そして、小屋は売店であり、川で冷やしたラムネを売っていた。そう考えると、すべてが納得できる。実際のところは不明だが、こうしてあれこれと推理し、自分なりの結論を導いてゆく道程は、たまらなく楽しい。

事実はともかく納得できたところで、ようやく五月橋を渡る。最初は怖くてたまらなかった五月橋だが、慣れとは恐ろしいもので、今では平気で渡れるようになってしまった。前回の訪問時には、このグレーチングの上でコーヒーをドリップし、くつろいでいた。

橋を渡りきると、終点となる国道４１８号合流地点まであと僅かだ。道は一段と険しくなり、土砂崩れと路面崩壊が激しい獣道が続くが、これでも県道である。その道を歩いていると、すぐ右手の木曽川側に、瓦礫が散乱しているのが見えた。

前々から気にはなっていたが、蹴りセローさんとエーテクさんだったら、ひょっとすると知っているかもしれない。そう思って聞いてみた。すると、

「恐らくですが、ここが五月屋だったんじゃないでしょうか」

五月屋というのは、五月橋の近くにあったお土産屋のことで、記念スタンプも設置されていた。

「面白いものが下にありますよ」

蹴りセローさんが瓦礫の積もった急な斜面を、川に向かって落ちるように下ってゆく。ワンミスが命取りになるので、慎重に2人の後を追って、川の水面ギリギリまで下りた。

「これです」

蹴りセローさんが指差す先にあったのは、階段だった。川面のすぐ上から始まった階段は、川底へと続いている。何とも不可解な光景だ。聞けば、ここにも貸しボート屋があり、クジラかイルカのような形をした足漕ぎボートに乗れたのだという。深沢峡にはこれまで何度も来ているというのに、今日は驚かされることばかりだ。

木曽川に滑り落ちないように気をつけて県道に戻り、国道418号との交差点まで歩い

た。そして、来た道を引き返しながら、今日分かったことを一つひとつ思い返していた。これまで深沢峡は私のお気に入りの秘境だったが、今日からは、より特別な場所になった。

丸山ダムには、ダムの大幅な嵩上げを行う〝新丸山ダム計画〟が１９８０年から持ち上がっている。治水機能を強化するため、丸山ダムの下流側にコンクリートを打ち増しして、ダムの高さを24・5メートルも嵩上げしようというものだ。実現すれば、現在の県道３５２号や伊三松、五月橋等はすべてダム湖の下に沈むことになる。この計画があったため、国道４１８号や県道３５２号は、通行止のまま長年放置されてきたという経緯もあった。

計画から30年、いよいよ本体工事に着手という２００９年、政権交代により計画は凍結された。だが、関連工事は着々と進められており、２０１０年には国道４１８号バイパスが一部開通した。また、水没する五月橋に代わる〝三代目五月橋〟の建設も計画されている。

今後も政権や政策の行方次第でどうなるか分からず、行き先は不透明だ。ただ一つだけ確かなのは、今後も深沢峡は我々を魅了し続けるということだ。

もしも水没することになったとしても、我々はその瞬間を見届け、それを語り継ぐことだろう。

【秘境.08】青森県むつ市

恐山

【死者のための秘境】

言わずと知れた日本最大の霊場。青森県の下北半島に位置し、石川県の白山、富山県の立山ともに日本三大霊場に数えられる。今からおよそ１２００年前、唐から帰国した一人の僧が、夢の中で聞いたというお告げに従って霊山を探し歩き、苦心の末にたどり着いたのが恐山だと言われている。その後、恐山菩提寺が建立され、地元における信仰の中心的存在になった。

◆日本海の高波に冷える

自宅を出発してから丸1日後の夜、青森県むつ市の大湊に来ていた。下北半島に来た理由は、恐山を再訪し、リベンジを果たすためだ。前回恐山を訪問した際、朝早すぎて開門しておらず、中に入れなかった。

当時の勤務先の仲間と4人で下道をひた走り、丸2日間以上かけて青森県に入った。本州最北端である下北半島・大間崎と、石川さゆりの〝津軽海峡冬景色〟で有名な竜飛《たっぴ》岬の両方に行きたくて、日の出から日の入りまで、海岸沿いをひたすら走っていた。恐山を断念した後に向かった大間崎で見た朝日は、実に美しかった。〝ここ本物最北端の地〟と掘られた石柱は、今でも鮮明に覚えている。

今は4人全員が会社を移って散り散りになってしまったが、「あの時は楽しかったなぁ」と、しみじみ思う。

そんなことを考えていると、本州最北端の地・大間崎に行きたくなってしまった。確か、大間崎の近くに観光客用の駐車場があった筈だ。あそこなら、明るくないし人もいないので、安眠できるのではないだろうか。

明朝、午前4時半過ぎに、風の音で目が覚めた。雨は上がっていて晴れ間が広がり、外はすっかり明るくなっていた。もう一寝入りしようと思ったが、ちょうど日の出の時間だということに気付き、カメラを持って慌てて車から飛び出した。

海までは100メートル程離れていて、凄まじい暴風の中を歩いて行くと、見覚えのある〝ここ本物最北端の地〟と掘られた石柱が見えてきた。そして、今まさに太陽が海面から顔をのぞかせようとしていた。日の出や日の入りは、何度見てもいいものだ。

「まぐろ一本釣の町　おおま」と題されたオブジェ。

7年前の思い出に浸りながら日の出を眺めていたが、太陽が昇りきったところで気付いたことがあった。寒い。とにかく寒い。

ここは本州最北端の地で、日の出というのは1日で最も気温が下がる時間だ。さらに、カモメが空中で静止しているほどの暴風が吹いているのだから、寒いに決まっている。日の出に夢中になっていたため、寒さを忘れていたのだ。

例の石柱や、マグロ一本釣りのオブジェ等を見て懐かしんだ後、車に戻った。手はかじかみ、体の震えが止まらないが、おかげで眠気は吹き飛んだ。

寒風の中で見る早朝の仏ヶ浦は絶景だ。

まだ午前5時だというのに、周りはすっかり明るくなっていたので、また寝るのは何だかもったいない気がしてしまう。それならば、いっそのこと下北半島を一周しようかと思い、7年前と同じように海沿いを走ることにした。

その途中、どうしても立ち寄りたい場所があった。景勝地・仏ヶ浦だ。

入り組んだ地形をした絶壁の海岸沿いに、巨岩・奇石が立ち並ぶ姿は圧巻そのもの。以前来た時には物凄い景色に感動したが、朝方で頭がボーっとしていたことと、運転していた私以外はみんな寝ていたこともあって、スルーしてしまった。それがずっと心残りで、今でも胸に引っかかっていた。

大間崎からちょうど1時間で、仏ヶ浦を一望できる展望台に到着した。7年前に通りすがる車内から見た景色と、全く同じ光景が広がっていた。当時はほんの一瞬しか見ていなかったのに、妙に懐かしい。

さらに先へと車を進めると、〝仏ヶ浦入口〟と書かれた駐車場を発見。早速車を停めて歩き出した。

長い階段を下りきると、波打ち際に出た。巨岩と巨岩の間にできたわずかな砂浜だ。左右に見える高さ数十メートルの巨岩は、波によっていびつな形に浸食され、独特な景色を作り出していた。

また、昨夜からの強風によって波が非常に高くなっている。本来なら、目の前に見える桟橋から観光船が発着しているようだが、高波によって水没してしまっている。時おり桟橋のコンクリートが顔をのぞかせるが、その直後に高波が襲いかかり、洗い流してゆく。とてもじゃないが、桟橋まで近づくことすらできない。

自然の前では人間の生理現象など些細なものだ。

別に桟橋はどうでもよかったのだが、問題はトイレだ。

観光地とあって公衆トイレが設置されているのだが、桟橋の横に設けられている通路を歩き、巨岩の外周を回り込まな

恐山冷水。飲むだけでご利益があるというお得なアイテムだ。

ければ行くことができない。当然、その通路も水没していて、大波が襲ってくる。

トイレに行くためには全身びしょ濡れになり、波にさらわれる危険すらある。命の危険を冒してまでトイレに行きたくはないので、我慢することにした。

それにしても、寄せては引いてゆく波を見ていると、どんなに見ていても飽きない。ずっと海を見ていたいところだが、トイレを我慢しているのでそちらの限界を越えてしまうと大惨事になってしまう。海を眺めるのは数十分で切り上げて、長い階段を上り始めた。

◆あの世とこの世の間の秘境

仏ヶ浦を過ぎると、再び海沿いの国道338号線を走った。むつ市街から県道4号線に入れば、午前9時には恐山に着くだろう。

むつ市街に入り、ずっと走っていた国道を離れて県道に入ると、〝恐山冷水《ひやみず》〟に差しかかった。恐山冷水では、文字通り冷たい湧き水が流れ出している。

ここが霊界への入り口とされ、恐山に入山する際にはこの冷水で手を洗い、口をゆすいでから入ることになっている。また、冷水を1杯飲めば10年若返り、2杯飲めば20年、3杯飲めば死ぬまで若返ると言われている。

三途の川を越える。ここから先は「あの世」だ。

そう聞いて、「死ぬまで若返るとはどういうことだ？」と思ったが、しっかり3杯飲んでおいた。今のところ死んでいないので、大丈夫だろう。

さらに県道を進むと、宇曽利湖が見えてきた。霊場恐山の一部でもあるカルデラ湖だ。

恐山菩提寺まであと少しというところで、湖のすぐ手前に架かる朱色の小さな橋が目についた。

車を停めて近づいてみると、橋の横に〝三途川〟と書かれた石碑が立っていた。全長5メートルほどで大きく隆起した形は、いかにも観光客向けに造られた感じだが、とりあえず渡っておこう。

山口県岩国市にある錦帯橋《きんたいきょう》を超ミニチュア化したような

感じで、急勾配のアーチ型になっている。お年寄りだったら、足を滑らせて本当に三途の川を渡ってしまうかもしれない。

折りからの強風で、湖の水がしぶきとなって飛んでくる。渡りっぱなしは良くないかもしれないが、もう一度渡るのも面倒だったので、横の車道から車に戻った。これで私は、三途の川を渡ったままになってしまった。


三途の川から1分足らずで、恐山菩提寺の駐車場に到着した。まだ9時になっていないので開門しているか不安だったが、既に開門していた。まばらではあるが、何人か観光客の姿も見受けられる。カメラを片手に参拝料500円を支払い、総門から中へと入った。

恐山は観光地化されているイメージが強いが、地元の人の間では今なお信仰と死者の供養の場であり、観光客が軽い気持ちで行くと呪われるとも言われている。

私の場合、他の観光客の観光気分とは異なると思うが、決して信心深いわけでもない。死者の霊を祀ってあるような場所に出くわすと写真を撮りまくるので、ただの観光客よりもタチが悪いかもしれない。

中に入ると普通のお寺で、特に変わった様子はない。変わっている点といえば、境内に温泉があることだろうか。

総門から山門をのぞむ。奥には本尊が祀られている地蔵堂が見える。

男湯と女湯、合わせて４つの温泉があり、参拝客は自由に入浴できる。古滝の湯、冷抜《ひえ》の湯、薬師の湯、花染の湯は、それぞれ離れた場所に木造の小屋が建っている。

見るからに老朽化していそうな小屋だが、中を覗くと手入れが行き届き、驚くほど小綺麗になっている。大きなヒノキ造りの浴槽があり、昔ながらの雰囲気を残している。

誰一人として入浴しておらず、ここで温泉に入れば最高だろう。ただ、私がやったように、観光客が頻繁に扉を開けて覗いてゆく。私は気をつかって男湯しか見なかったが、おばちゃんらは容赦なく男湯の扉を開けて中を覗いて写真を撮っていた。これでは、落ち着いて入浴していられない。温泉は見るだけで我慢し、地獄巡りへと向かった。

こんなにおどろおどろしく見える風車もあまりないかもしれない。

◆地獄を巡る

本堂の左側から順路がスタートし、様々な地獄を見て回れるようになっている。いよいよ、恐山の核心部分というわけだ。開始地点には古びた石仏が置かれ、いかにもという雰囲気を醸し出していた。

地獄に入ってすぐのところは、火山ならではのゴツゴツとした地形で、訪問者によって積み上げられた小石の山がたくさん見える。岩間からは蒸気が噴き出し、ガイドブックやネットで紹介されている、見覚えのある場所だった。とりあえずここは後回しにして、最上部の奥の院を目指した。徐々に人の気配がなくなり、階段を上がった先に、ひっそりと奥の院があった。立派な建物を想像していたのだが、ただ不動明王の石像が祀られていただけで、味気ないものだった。

先ほどのゴツゴツした広場に戻り、探索を開始。よくテレビ等で風車がクルクル回っている映像を見るが、そんなにたくさんあるわけではなく、開山直後という時期的な問題かもしれないが、せいぜい5〜6個しか見当たらなかった。

蒸気の吹き出し口に近づいてみると、硫黄が結晶化していて、綺麗な黄色い結晶がキラキラと輝いていた。非常に恐山らしい風景なのだが、何かこう、パッとしない。

ここで、私のテンションを上げる地獄が現れた。

血の池地獄にしては普通の池。しかしその一隅が赤く塗られていたのを発見した。

これまでに見てきた地獄は、蒸気がただ沸いているだけだったり、岩があるだけだったりしたが、それらとは明らかに一線を画すものだった。それは、血の池地獄だ。

直径5メートルほどの小さな池の中心には石仏が鎮座しており、一見ただの人工的な池にしか見えない。つまり、血の池地獄だというのに、池の水が赤くないのだ。そして、池の内部が赤いペンキで塗られていた形跡を発見した。これを見て、私は興奮したのだった。

盛り上がってきたところで、さらに奥へ進む。すると、荒野に巨大な石仏が建立されていた。

石でできた仏像は、まだ真新しく見える。荒野のあちらこちらからはポコポコポコポコという音が聞こえてくる。

「極楽」でも油断は禁物。危うく踏み潰すところだった。

湯が沸騰している音だ。片隅に立っている柱のようなものは、死者を弔うためのものらしい。

その荒野の先には、絶景が待っていた。宇曽利湖《うそりこ》のマリンブルーの砂浜と、湖の向こうには尖がった形をした屏風山が見える。これまでの地獄の風景とは打って変わって、まるで極楽のような眺めだ。ということで、ここは〝極楽浜〟と呼ばれている。風があまりにも強いことを除けば、本当に極楽のような場所だった。

極楽浜の景色に見とれていると、危うく小さな仏像を踏み潰すところだった。身長10センチほどの陶器製の仏像が、浜辺の高台に転がっていた。本当に勘弁してほしいブービートラップだ。何体かは、既に先人に踏まれた形跡があった。せめて、立てておいてほしい。

その後、無縁佛等を見ながら、お寺の方へと戻っていった。境内にはおびただしい数の石仏が祀られているが、それらすべての仏像の前には、しっかりと賽銭箱が置かれている。すべてに賽銭を入れていたら破産してしまうので、賽銭を入れたのは最初に行った奥の院だけである。

本堂の近くまで戻ってきたが、地獄は総門の方まで続いているので、そちらに進む。すると、丘の斜面に無数の表札のようなものが立てかけてあった。雰囲気から察するに、どうやら死者を供養するためのものらしい。

中には本格的な墓石まであったが、特に区割りされている様子はない。訪問者が勝手に置いていくのだろうか。

墓石なんかが並んでいると、つい一つ一つ見入ってしまう。寿命を全うして往生された人もいれば、若くして亡くなってしまった人もいる。病死なのか事故死なのか、自殺なのか分からないが、若くして亡くなるということは非業の死に変わりはない。

子供のお菓子やおもちゃが添えられているのを見ると、赤の他人ながら胸が詰まる思いだ。思わず手を合わせて、あの世で楽しく暮らしていることを願ってしまう。ただ自分を納得させたいという自己満足であることは、十分に承知の上で。

◆イタコは期間限定

かなり長い距離を歩いてきたが、いよいよ地獄巡りも終了し、恐山菩提寺の総門まで戻ってきた。

そして外へ出たところで、「そういえば、イタコは？」ということを思い出した。

恐山といえば、イタコというイメージが強かったが、一切見かけなかった。この総門前にテントが張られ、イタコの口寄せが行われている光景を見るのも楽しみにしていた。

お土産屋さんで聞いてみたところ、イタコが来て口寄せを行うのは、毎年7月に行われる恐山大祭と、10月の恐山秋詣りの時の、年に2回だけだという。恐山に来ればいつでも見られると思っていたが、そうでもないらしい。

また、イタコが行うのは死者の口寄せだけではなく、普通に占いや人生相談にも乗ってくれるという。そのほか〝神降ろし〟により神の言葉や意志を人々に伝えている。そのため、下北地方でイタコは神様とも呼ばれ、敬われている。

イタコは通常、盲目または半盲目の人が修行によって習得する技で、目が見えない分、何か特殊な能力が備わっていてもおかしくない。私は、常に霊的な存在を信じることができないのだが、イタコは尊敬されるべき存在だと思った。

また、この地方の人々は、イタコを敬うように恐山に対しても特別な思い入れを持っている。だからこそ、境内に石を積み上げ、柱を立て、墓石を置くのだろう。

恐山といえば一般的におどろおどろしいイメージがあり、軽い気持ちで行くと呪われる

さまざまな理由で亡くなったのだろう無縁仏も恐山に眠っている。背景に見えるのが極楽浜と呼ぶにふさわしい宇曽利湖だ。

とまで言われ、地獄の風景を売り物にしているが、極楽浜のような楽園もある。

イタコに会えなかったのは残念だったが、リベンジは果たした。境内では地獄と楽園を見ることができたし、死者の供養を忘れない下北の風習を垣間見ることもできた。

恐山を参拝する際には、是非とも死者に対する畏敬の念を忘れないで欲しい。そうすれば、決して呪われることはないだろう。

【秘境.09】青森県西津軽郡

【むき出しになった山肌】

日本キャニオン

青森県の津軽国定公園内にあり、白い岩肌がダイナミックに露出している様がアメリカのグランドキャニオンに似ていることから命名された。ブナの原生林で知られる世界遺産・白神山地の外れで、観光地である十二湖のすぐ近くに位置する。とてもインパクトの強い名前にも関わらず、意外と知名度は低く、訪れる人も少ない。

◆意外に庶民的な秘境

この日、早朝から本州最北端の地・大間崎と恐山を訪れた私は、青森県内でもう一箇所、見ておきたい場所があった。白神山地の秘境・十二湖に程近い、日本キャニオンだ。聞き覚えのない場所だが、日本版のグランドキャニオンということで命名されたらしい。

グランドキャニオンといえば、アメリカ・アリゾナ州にある峡谷で、最も深いところで１８００メートルもの高低差がある。幅は最大で30キロ近い峡谷が、４４６キロにわたって続いている。

そんなグランドキャニオンが日本にもあったというのは、大きな驚きだった。その峡谷が青森からスタートするならば、終点は長野県あたりになるのだろうか。

しかし、狭い島国の日本に、それだけ巨大かつダイナミックな峡谷が存在し得るのだろうか。もしも存在しているのなら、もっと注目されて知名度も高いのではないだろうか。色々な疑問もあるが、ひょっとしたら意外と知られていないだけで、大発見になるかもしれない。たとえアメリカの半分ほどの規模だとしても、壮大すぎる眺めに変わりはない。様々な想像をしていると、ますます行きたくなってしまった。

恐山からほぼノンストップで運転し、５時間かけてようやく日本キャニオンの入口に着いた。ここから歩いて行くらしいが、先に十二湖を見ておこうと思い、通過してさらに奥地へと向かった。

幾つかの湖を通り過ぎたところに駐車場があったので入ってみた。駐車場のすぐ横には王池があり、水辺に下りる歩道があったのだがチェーンが張られ、閉鎖されていた。

あまり気にせず、荒れた歩道を水辺まで歩いてゆく。王池は大きなひょうたん形をしていて、くびれより東側の大きな池を王池東湖、西側の小さな池を王池西湖と呼び、区別されている。そのくびれの部分から東西両方の王池を眺めたが、普通の池だった。

その後、幾つかの池を見ながら青池を目指した。青池は、十二湖の中でも最大の名所で、青く澄み切った水を湛えているという。これまで見てきた湖は、良くも悪くも普通の湖だっただけに、青池への期待は高まる。

県道を道なりに走っていると、青池の手前でゲートによりいきなり道が分断され、強制的に右折させられた。右折した先は有料駐車場になっている。これまでに、この先が行き止まりで有料駐車場になっていることを示す案内表示はなく、駐車場入口にはＵターン禁止と書かれていた。

これは、悪質な手口だ。金額の過少ではなく、こんな手口に引っかかるのはシャクなので、

施設維持のための協力は惜しまないが、この手口にはちょっと納得できない。

何としてでも回避しなければならない。とはいえ、Uターン禁止と書かれているし、運悪く後続車が来てしまった。かくなるうえは……反対車線に入り、ひたすらバックして戻る作戦に出た。数百メートル下がったところで広くなっている場所に車を停め、歩いて青池に向かった。

鶏頭場《けとば》の池のほとりを歩いてゆくと、15分ほどで青池が見えてきた。直径約30メートルの小ぶりな湖ではあるが、これまで見てきたものとは明らかに違っていた。本当にこの青池だけ水の色がほぼ青に近い緑青色をしていて、湖の底まで透けて見える。

湖の周りは木々が生い茂り、うっそうとした雰囲気が、これまた最高にいい。湖の底には倒れた木が横たわっているのが見え、水面には、頭上の木々が反射して映っている。湖の近くは湿度が高いためか、木々が苔むしていて、水辺にはシダ植物も生えている。

まさに秘境という光景なのだが、観光バスで来たおばちゃん同士がゲラゲラ笑っていたり、目の前でカップルがイチャついていたりするのが玉に瑕だ。これでは、せっかくの絶景も台無しだ。

感動的な自然風景ではあったが、人的な雰囲気に恵まれず、青湖を後にした。

「こうなったら、日本キャニオンにすべてを賭けよう！」

そう考えるようにして、勇み足で日本キャニオンの入口まで戻った。

雑木林の中に出現する青池はとても爽やかだ。

◆えっ？

さあ、いよいよこれからが本題だ。ゴールデンウィークとあって、青湖には多くの観光客の姿が見受けられたが、ここに来ると人の気配が少なくなり、車も数台しか駐まっていない。

入口には〝キャニオン０・５ｋｍ〟と書かれた案内が立っていた。この距離だったら、早足で歩けば５分ぐらいで着くだろう。日も傾きかけていたので、小走りで遊歩道を駆けたが、５分経ってもまだ着かない。結局、10分強で着いたのだが、５分だと思ってハイペースで歩いたため、疲れてしまった。

そして、ついに日本キャニオンの展望所にたどり着いた。対面には大きな山が見える。その山肌の一部が崩れ、白い岩が露出していた。

一見、ダイナミックな土砂崩れ現場に見える。しかし……。

「えっ、これだけ？」

岩肌が露出しているのは、目測で高さ・幅ともに200メートルぐらいだろうか。その横にも、高さ数十メートルの規模で続いているが、総延長はせいぜい1キロあるかないかだろう。

アメリカのグランドキャニオンと比べ、大ざっぱに計算すると、面積は9万分の1、体積は100万分の1ぐらいになる。これで、日本のグランドキャニオンだと主張しているのだろうか。それに、これはどう見てもキャニオン（峡谷）ではなく、ただの土砂崩れにしか見えないのが、さらに残念な感じだ。

ここが日本のグランドキャニオンだということを忘れて、何の先入観もなくこの景色を

これが展望台からの景色。えっ、これだけ？

見たら、それなりに感動したかもしれない。先入観とは恐ろしいものだ。

暫く眺めた後、来た道を引き返した。その途中、分岐路の一つが板で塞がれ、立入禁止と書かれている箇所があった。別にそちらの方向に行きたいわけではなかったが、立入禁止と書かれると行きたくなってしまう。こんな山の中で、いったいなぜ立ち入りを制限しなければならないのだろうか。

その答えは、30秒後に分かった。地面が崩落しつつあり、非常に危険だからだ。実は、今立っているこの山も、対面に見える日本キャニオンと同じで白い岩肌が露出していた。その岩肌は岩と呼べるような代物ではなく、砂に近かった。急斜面の近くに立つと、地面もろとも崩れ落ちてしまいそうだった。

そして、なぜ廃道があったのかというと、こちらが昔の展望所だったからだ。それらしいコンクリートの土台や、柵の一部が残っているが、大半が崩れ落ちてしまっている。この様子からも、

崩壊しつつある旧展望所。足元が気になって、景色どころではない。

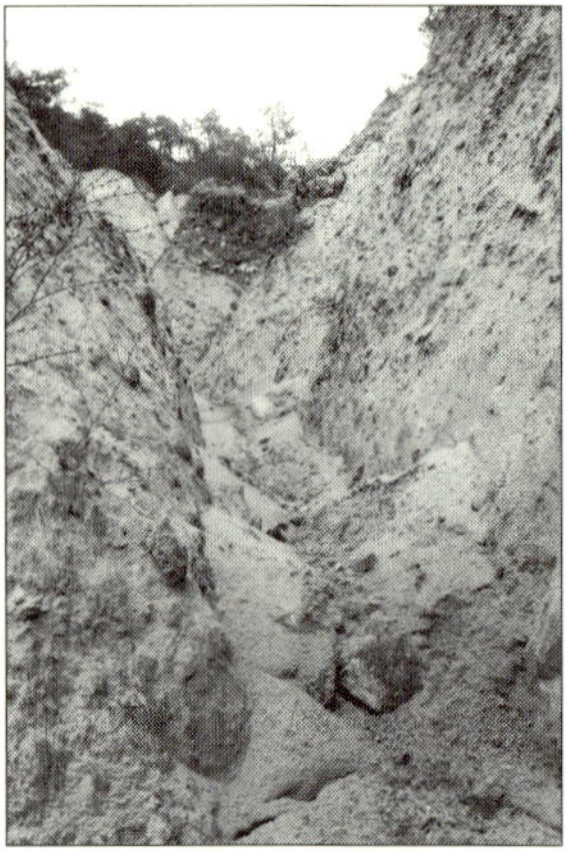
白い砂山は絶賛崩壊中だった。

まだ崩壊途中であることが窺える。ギリギリに立っていて本当に崩れ落ちると、新聞に載ってしまう。一瞬のうちに写真だけ撮って退避した。正規の展望所よりも身に迫る恐怖感と切迫感があり、緊張感を持って日本キャニオンを満喫することができた。

◆絶景ポイントを探す

もう引き上げてもよかったのだが、まだ日没まで時間があったので、車で周辺を走り、日本キャニオンが、よりキャニオンっぽく見えるポイントを探した。展望所で見た日本キャニオンは、本当にただの崖崩れにしか見えなかった。角度を変えれば、もう少し横に長く続いている姿を見られるのではないかと思ったのだ。

途中で県道を離れ、観光施設〝アオーネ白神十二湖〟へと続く道に入った。すると、木々の切れ間から帯状に続く日本キャニオンの姿が見えた。最も視界が開けた場所に車を停め

これはこれでまあいいのだが、望遠レンズ越しでは迫力にいまいち欠ける。

るが、日本キャニオンが遠い。確かに断崖が横に長く伸びているが、その撮影には望遠レンズを必要とするので、迫力に欠ける。

納得できなかった私は、来た道を引き返し、県道に戻って別の場所からのアプローチを試みた。しかし、山の角度と生い茂る木々によって、日本キャニオンがよりグランドキャニオンらしく見えるポイントは、なかなか見つからない。そして、日本キャニオンに最も近い場所で車を降りた。

かくなる上は、歩くしかない。しかし、日本キャニオンに向かって進むには、獣道すら存在していなかった。しょうがないので林に入るが、すぐに幅・深さともに１メートルもある巨大な側溝が見えてきた。この辺りは地盤が弱いので、いざという時、土砂を食い止めるために設置されたのだろうか。

側溝をひょいと飛び越えると、次に立ちはだかるのは砂防ダムだ。こいつは身長よりもずっと高いので、少々手こずったが、何とか上りきると、目の前は日本キャニオンだった。といっても、侵食され尽くした白い土砂の山が視界を遮り、日本キャニオンの本体は全く見えなかった。さらに進もうとすると、白い砂の地面に足が吸い込まれてゆく。

ここは、雨で流された砂が堆積していて特に地盤がゆるく、足で踏んだだけで数十センチは沈み込んでしまう。私の左右を取り囲む山も同じで、まるで砂場の砂山のように、僅かな刺激で簡単に崩れてくる。

試しに斜面を足で蹴ってみたところ、はるか頭上から大量の土砂が落ちてきた。生き埋めの恐怖を感じたので、もうこれ以上は進めなかった。

日本キャニオンにいるのに日本キャニオンを見渡すことができないという最悪の状況に、もう笑うしかなかった。車に戻り、日本キャニオンの旅は終わった。

と、私も思ったのだが、意外なところで話は続いてゆく。

◆鉱山跡に入ってみた

この日は日本海に沈む夕日を眺めながら南下し、秋田県大館市で泊まった。

なぜ十和田湖にほど近い大館市に行ったのかというと、翌日に尾去沢《おさりざわ》鉱山跡を見学しようと思ったからだ。

尾去沢鉱山は、１３００年の歴史を誇る銅山で、１９７８年に閉山した。日本の経済成長を支えた近代化遺産で、鉱山観光施設も整備され、当時の遺構も一部現存している。

私は、廃墟探索の趣味がきっかけで鉱山に興味を持つようになった。戦後の復興を支えた炭鉱や、高度成長の礎となった金属鉱山は、今や斜陽産業ともいえないほどの没落ぶりで、商業ベースで成り立つ炭鉱・金属鉱山は皆無に等しい。

日本の成長を支えた鉱山も今は廃墟となっている。

日本の鉱山が生み出した技術は、今も世界中の鉱山で実用されているが、当の鉱山は廃止され、廃墟と化し、そしてひっそりと取り壊されつつある。

日本を経済大国に押し上げた巨大産業の現場が、完全に痕跡を消そうとしている。その痕跡を記録し、消えゆく様を見届けたいと、私は思っている。

なので、尾去沢のように遺構とマインパークの両方があると、とても行きたくなってしまう。マインパークがあれば、実際の坑道を歩いたり展示物を見ることで、簡単に当時の様子を窺い知ることができるし、じゃあそれが今はどうなっているのかというと、遺構を見ればいいので、手っ取り早い。

この日は大館市内で泊まり、翌朝、尾去沢鉱山に向かった。鉱山に着くと、最初に遺構を探索することにした。

遺構が残されているエリアは、観光施設と稼動している工場の間の山の斜面で、非常に難易度が高い。工場側から入ったほうが近いが、厳重に立ち入りが禁止されている。観光施設の近くから、一箇所だけ立入禁止になっていない通路を見つけたため、そこから歩いて行くことにした。

歩いてゆくと、なぜ立入禁止にされていないのかが分かった。道は廃道と化し、草木が生い茂っていて、もはや道ではなくなっていたからだ。

しめしめ、こうなったら私のものだ。立入禁止という文字は見ていないので、万が一見つかったとしても堂々と主張できる。

その後、急斜面に這いつくばったりしながら、レンガ造りの建物までたどり着き、建物や煙突の内部を見学し、来た道を戻った。

一仕事終えたところで、観光施設〝史跡尾去沢鉱山〟に入った。ゴールデンウィークだというのに人影はまばらで、あまり盛況とはいえない状況だった。

入場券を買う時、受付の女性に、「シューティングアドベンチャーはどうされますか?」と聞かれた。私は予期せぬ質問に戸惑い、「シューティングなんとか……それ、なんですか?」と、素直に聞いてみた。すると、廃坑道を利用してトロッコに乗りながらモンスターを倒すシューティング・ゲームで、子供に人気が高いアトラクションだという。

見上げると鉱山の現役時代がしのばれるが、事件はここで起こった。

私は、「いや、今回は遠慮しておきます」と答え、観光坑道のみの観覧料金として千円を払った。いい歳した男が1人で来て、モンスターを倒しに行ってほしかったのだろうか。質問の真意を聞いてみたかったが、今回は遠慮しておい

当時の作業を再現したリアルなマネキン。なぜか彫りの深い顔だちのものが多かった。

た。

ワクワクしながら石切沢通洞坑に入り、順路を進む。そこで事件が起こった。

鉱石を採掘したためにできた高さ30メートルの細長い地下空間があり、「凄いな～」と思って見ていると、音声案内が始まった。そして、ここが〝マインキャニオン〟と呼ばれている事実を知った。

ここでまた、あのキャニオンという単語を耳にするとは、全く予想していなかった。マインキャニオンという言葉に、私は興奮を隠せなかった。しかし事件はこれだけで終わらなかった。

さらに順路を進み、特別コースに入る。この観光坑道は非常に長く、足に自信がない人はショートカットできる仕組みになっていて、ガッツリ見たい人は特別コースに入ることになっている。

その特別コースを歩いていると、やたらマネキンが目に付く。当時の様子を再現するため、作業服姿のマネキンが多数設置されていた。作業着の汚れやマネキンの表情など、ど

かつて多くの人々が汗を流しながらここを通ったのだろう。

れも妙にリアルで、ちょっと恐ろしい。ついつい鉱山そっちのけでマネキンの写真ばかり撮っている自分がいた。

マネキンに熱中して観光坑道も終わりに近づいていた時、マインキャニオンよりもさらに広い地下空間が出現した。そして、壮大なイメージのＢＧＭをバックに、最大限にエコーを効かせた声が坑道内に響き渡る。その名も、〝グランドマインキャニオン〟。

グランドマインキャニオン！

直訳すれば、大きな鉱山峡谷。全く期待を裏切らないネーミングセンスには脱帽だ。

しかし、人工的に掘り出した空間、しかも地下空間をキャニオン（峡谷）というのは少し無理があるような気もする。それに、日本キャニオンですら遠慮している〝グランド〟という修飾語を使っている。

マインキャニオン、グランドマインキャニオンは、共に音声による案内のみで、文字による情報は一切なかった。そのため、アメリカのグランドキャニオンを意識して命名したのかは憶測の域を出ないが、まず間違いないだろう。この観光坑道が何百年も前に造られていれば話は別だが、少なくとも1978年の閉山以降なので、その可能性はない。

ここで、グランドマインキャニオンの音声案内の一部を抜粋してご紹介したい。

〝見上げるばかりの、はるかなる空間。そして、足元に広がる渓谷。自然の中に作り上げた、近代産業の芸術。グランドマインキャニオン〟。

日本にも、グランドキャニオンは確かに存在していた。それも、青森県と、秋田県の地下の計2ヶ所も。

秘境の旅は、発見の旅でもあった。

3章　命がけの秘境探検

【秘境.10】大分県中津市

耶馬溪

【鎖だけが頼りの崖っぷち】

大分県中津市の渓谷を中心とした景勝地で、新日本三景にも数えられている。エリア内には多くの景勝地を含むが、一人の和尚がノミ一本で掘り抜いたというトンネル・青の洞門や、レンガ造りの馬溪橋、山の中腹に位置する羅漢寺などが有名。

◆伝説の手掘りのトンネルへ

現在の時刻は、午前7時。九州を訪れていた私ととらさんは、本日の目的地・耶馬渓《やばけい》に向かっていた。耶馬渓の中でも私が注目したのは〝青の洞門〟だった。酷道マニアとして、一度は見ておきたいと思ったからだ。

耶馬渓までは車で1時間もかからない距離だから、午前8時には着くだろう。見たいのは青の洞門だけなので、午前中には終わってしまうかもしれない。そう思った我々は「夕方までには岐阜に帰れちゃうんじゃない？」などと、早くも帰る算段をしていた。

耶馬渓に近づき、山国川に沿って国道212号を走っていた。すると、左手に立派な石橋のアーチが見えた。一瞬だったため運転していたとらさんは見逃してしまったようで、悔しがっていた。「帰りに寄りましょう」と約束して、通過した。

案内標識に従って国道を右折すると、間もなく青の洞門が見えてきた。写真で見ていたのと同じで迫力があった。洞門内は幅員が狭いため、信号機による片側交互通行になっており、しばし信号待ちをして洞門へ進入した。

見応えはあるのだが、車で通り過ぎると342メートルなんてあっという間だった。出口でUターンして往復してみたが、あっけないものだった。やはり、車なんかに乗っていたら雰囲気を楽しめるわけがない。

観光用の駐車場に車を停め、歩いてもう一回通ろうと思ったが、歩いたところで所詮は342メートル。午前中どころか、下手をしたら30分で終わってしまう。もうちょっと楽しめたらなぁと思って観光案内板に目を向けると、青の洞門の上に競秀峰《きょうしゅうほう》を抜けるハイキングコースが書かれていた。

この駐車場からスタートし、山頂を経て青の洞門の反対側に出られる。帰りは洞門の中を通ってくれば、そこそこ時間も潰せそうだ。ハイキングコースとはいえ、たかだか342メートルのトンネルの上を越えるだけなのだから、大したことはないだろう。

我々は気楽に考え、カメラ以外の荷物は一切持たず、普段着のままハイキングコースを登り始めた。

青の洞門も車で通ってしまえば普通のトンネルだった。

◆命にかかわるハイキングコース

滑り出しから嫌な予感はしていた。

入り口から既に落ち葉が堆積していて、訪れる人の少なさを表している。石段は崩れたまま補修もされておらず、ますます寂しい雰囲気が漂い始めた。

登り始めてすぐに分岐点があった。本線は直進だが、左に行けば鎖場と書かれている。しかし、左には行かないように促す看板が設置され、ロープが張られていた。こんなのを見たら余計に行きたくなってしまう。

私が、「行きましょうか」と左を指さすと、「やっぱり？」と、とらさん。

ロープを超えると落石と土砂崩れで道が道ではなくなっていて、とても歩きづらい。

〝この先断崖絶壁です。大変危険ですので十分注意して下さい。〟と書かれた立て札が雰囲気を盛り上げる。木で組まれている階段を上りきると、前方で道が途切れているように見える。鎖場って、ひょっとすると、超危険な、あれではないのか……？

ついに道が途切れている場所に到達し、その光景を見た瞬間、私は、

「いやいやいやいやいやいや……」

と後退し、とらさんに先を譲った。その直後、とらさんも、

「いやいや、これはあかんでしょう！」

と言いながら戻ってきた。

鎖場は、想像していたとおり、凶悪なあれだった。切り立った断崖絶壁に、少しだけ削っ

たような跡があり、そこに足をかけるとちょうど手のあたりに鎖が張られている。ただの削り跡のような道は、幅15センチといったところだろうか。鎖から手を離した瞬間、人生は突然の終わりを告げる。

しかも、通行禁止になったためか、鎖は錆びついており、鎖を離さなければ安全、とも言い切れない。さすがにここを歩こうなどとは思わないが、見ているだけで寒気がしてくる。というか、以前はここを観光客が自由に行き来していたという事実に、驚きを禁じ得なかった。

ハイキングというよりクライミング？

見ていてもますます寒くなるだけなので、本線に戻って競秀峰を目指す。なかなかいいものが見られたと話しながら、廃れたハイキングコースを登ってゆく。

所々に行き先を矢印で指し

示す案内板が設置されていたため、道を踏み外すことはなさそうだ。道は廃れていても、観光地だけあって道しるべだけはしっかりと整備されていた。

　道沿いには無数のお地蔵様が鎮座しているのだが、こちらも廃れていて、無残にも首がもげてしまっているお地蔵様が、やたら目に付く。

　なんだかんだ30分以上登っているが、まだまだ上り坂が続く。お茶ぐらい持ってくるべきだったと後悔したところで、今さら遅い。さらに10分ほど登ると、道はようやくフラットになった。これからしばらくは、稜線に沿って歩くことになりそうだ。

　しばらく歩いていると、このハイキングコースで最大の要所となる〝妙見堂〟に到着した。ここには立派なお堂があり、宗教的な行事が行えるような場所になっている。崖を切り崩し、先人が相当な労力を費やして造ったことが窺える。案内によると、お堂の中には妙見菩薩が3体、男女神像が2体、如来立像1体が安置されているらしいが、見ることはできない。

「こんなところまで建設資材を運び込むだけでも大変だったでしょうね」と感心しながら見ていたが、ふと別の立て札に目が止まった。その立て札には〝公共駐車場側出口へ約３５０メートル　洞門橋側出口へ約８００メートル〟と書かれていた。

　50分もかけて登ってきたのに、たったの３５０メートルしか進んでいなかった。しかも、

岩の下の妙見堂。これだけのものを造るだけでも功徳が積めそうだ。

この先の行程が800メートルって、これまでの2倍以上あるじゃないか……。直線距離で342メートルだからと軽い気持ちで来たことを、初めて後悔した。

「戻ったほうが早いじゃないか」

私も、恐らくとらさんもそう思ったことだろうが、決して口には出さず、先へと進む。ハイキングコースもますます修行場の様相となり、一歩踏み外せばスカイダイビングが楽しめるというような箇所が幾つもある。

所々に辺りが見渡せる展望台のような岩場があった。競秀峰の大部分がそそり立った崖で構成されているため、多くの崖の突端が展望ポイントになっている。鎖場よりもずっと高い位置なので、駐車場の車が豆粒ほどに見える。

そして、垂直に近い崖の突端だというのに、

正規のルートでこの廃れっぷりである。

柵のような設備は一切ない。高いところが苦手な我々にとっては、素直に喜べない見晴らしの良さだった。

そんな突端の他に、きちんと整備された正規の展望台も一箇所存在する。そこには、朽ちかけている木製のテーブルとベンチがあり、チェーンによる柵も設置されていた。我々にとって、テーブルやベンチよりも、柵が何よりありがたかった。

展望台を過ぎると尾根は終了し、下り坂になった。これといった見所もないので、黙々と下りる。コース上に倒れている木や竹もそのままで、「これが本当に観光地か？」と言いたくなるような廃れっぷりだった。

駐車場を出発してから1時間半以上、ようやく出口にたどり着いた。たまらず自販機でジュースを買い、一気に飲み干した。全然お気楽なコースじゃなかった。騙された感はあるが、いいヒマ潰しになったと言われれば、そうかもしれない。

◆250年前の山の姿

愚痴っていてもしょうがないので、青の洞門を歩いて駐車場まで戻ることにした。今朝車で通過した青の洞門は二度の改修工事によって拡幅されているため、当時の痕跡はほとんど残っていない。

しかし、一部は保存されており、当時の様子を窺い知ることができる箇所がある。こちらの洞門橋側から入ると、入ってすぐ右側に歩道が分岐していて、どうやら、これが保存区間のようだ。

わずかに残るノミの跡と禅海和尚の石像。当時の雰囲気はない。

完全に当時のままで保存されていることを期待していたのだが、入ってすぐにガッカリする結果となった。洞内には蛍光灯が灯り、コンクリートの床には石のタイルが埋め込まれ、さらには階段が設けられていた。さらに、禅海和尚の石像や真新しいお地蔵様、なぜか神社と絵馬まであった。

ただの地層のようにも見えるが、これはハイキングコースの一部である。

かろうじて、当時の明かり取りの窓と、ノミで削った壁面の一部が当時を偲ばせてくれるが、雰囲気は見事なまでにぶち壊されている。

保存区間を出て、現在の青の洞門を歩く。さっきまで歩いていた鎖場や切り立った崖のインパクトが強烈で、メインと考えていた青の洞門は、既にどうでもよくなっていた。

青の洞門を抜け、2時間ぶりに駐車場まで戻ってきた。青の洞門を一望できる場所から、改めて眺めてみる。こんなところに、30年もかけてトンネルを掘ったのは執念としか言いようがない。でも、我々が気になってしまうのは、どうしても青の洞門の上の競秀峰だった。山を見上げながら、わずかに削られたような跡を発見し、カメラの望遠レンズで確認すると、錆びついた鎖が見えた。

上から見た時も強烈だったが、下から見ても強烈な場所だ。ただ眺めているだけでは、あれがかつてのハイキングコースだとは、誰も気付かないだろう。

鎖場を眺めていると、山のあちらこちらに削り取られた跡があることを発見した。これこそが、青の洞門が完成するまで使われていた旧道ではないだろうか。

すると、今朝歩いた道も、全部ではないにしろ一部は青の洞門の旧道であった可能性が高い。これは面白いことになってきた。

◆寺の境内から死のルートに突入

今朝、我々が登り始めた入口は、南北に伸びる競秀峰の中央付近にあたり、そこから北へ向かって歩いた。当然、入口より南側にも競秀峰は続いている。

そういえば、途中で南へ向かう分岐もあったことを思い出した。南側の山肌にも、削られたような、道じゃないけど過去は道であったのであろう痕跡が、随所に見られる。案内図を確認すると、確かに南側へ抜けるハイキングコースも描かれていた。これはもう、行くしかないだろう。

2人で作戦を練り、まずは競秀峰の南端入口まで移動し、ここからハイキングコースに突入して駐車場に戻ってくるというルートを考えた。早速、突入口である弘法寺まで歩いて移動した。5分足らずで弘法寺に到着したが、とてもハイキングコースの入口がありそうな雰囲気ではなかった。

「これ、完全に寺の中ですが、こんなところに入口が……」

と言いかけて、入口を発見した。まさか、お寺の真裏にあるとは思っていなかった。何だか不法侵入しているような気分になりながら、早速登り始める。時刻は10時40分、青の洞門に着いてから、既に2時間半が経過している。30分で終了するんじゃないかと心配していたが、意外と長丁場になりそうだ。

お寺の境内にあった案内はこれだけだった。

歩き始めると、道はもはや獣道と化していた。今朝、我々が登ったルートよりもさらに廃れていて、道なのか水が流れた跡なのか、はっきりとしない道が続く。たぶん道であろう方向に向かって歩くしかないのだが、道を見失いそうなポイントには、道しるべだけはしっかりと立っていた。

これ、道ですか？

何とかコースアウトせずに歩いてきたが、第一の難関が現れた。前方には、岩場を少し削っただけの、道のような道じゃないような光景が広がっていた。

幅は50センチほどで、鎖場ほどではないが、鎖はない。踏み外しても死にはしないだろうが、重傷は免れない。そんな、行けないことはないが、行きたくはない道だった。

「これ、道ですか？」

1人でつぶやいてみたところで、これ以外に進むべき道は存在していないことは明らかだった。2人で「結局このパターンか」とぼやきながらも、覚悟を決めて進むことにした。落ちたらシャレにならないので、慎重に、岩に張りつくようにして、ゆっくりと歩く。

道幅は狭いが、高いということを除けば、

生命の危機を前にすると、人は瞬時に適切な優先順位をつけられるらしい。つまり格好は二の次だ。

それほど悪い道ではない。しかし、高いというのは非常に大きなファクターで、通常ならまっすぐ歩ける道も、まっすぐ歩けなくなってしまう。

2人が一緒に落ちてしまったら助けを呼びに行けないため、先に私がこのデンジャーゾーンを越え、とらさんはそれを見守ってから後に続いてもらった。

何とか無傷で危険地帯を切り抜けると、多少まともな道になった。さらに高度を上げながら進んでいくと、左方向と直進方向への分岐を示す案内板が設置されていた。

しかし、直進する道などなく、木々の先は完全な絶壁になっていた。どういうことか気にはなったが、進みようがないため、もう一方の分岐である左方向に進むことにした。ただ、こちらも見る限り岩場の突端になっており、間もなく道が終了するように思えた。

とにかく行って確認してみないといけないが、狭い歩道の右も左も断崖で、この眺めの良さがとても行く気をなくしてくれる。さすがに管理者も危険だと思ったのか、中央部に鎖が設置されているので、それに掴まりながら歩く。

鎖はとても心強いのだが、引っ張ると支柱がグラグラと動く。よく見ると、岩に開けた大きな穴に細い支柱を固定するため、パテで固められていた。岩も支柱の鉄も硬いので、確かに柔らかいラバーのパテで固めてやったほうが強度は増しそうだが、グラグラ動くといまいち信用できず、精神的なダメージが大きい。鎖に掴まって、でも鎖は信用せずに、慎重に進んだ。

パテで岩につけられただけの鎖の支柱。心配だ。

突端に到着したが、風化しかけた一体のお地蔵様が鎮座しているのみで、もちろん道などあるわけがない。そう思っていると、とらさんが、「あれ、そうじゃないですか?」と言うので、指差す方向を見ると、岩場の下に見覚えのある道しるべが立っていた。そこには〝妙見窟　公共駐車場〟と書かれており、我々が目指すべき方向であることが分かった。

よく見れば、岩場に鎖が打ち込まれ、鎖が垂れ下がっていた。ここ競秀峰では、水平移動だけではなく垂直移動も要求されるということか。何も知らずに子供連れや老夫婦なんかが観光に訪れたら、さぞ大変なことだろう。

C型に開いてしまった鎖。

空を向いた矢印は、正しいルートを教えてくれているのか？

下方に見える道しるべを見て、一つ気になることがあった。向かうべき方向を示す矢印だが、毎回微妙に角度が異なり、かなり正確に勾配を表現している。今見えている道しるべでも、鎖の先も急な下り坂が続くため、斜め下50度ぐらいを指している。

これほど正確な案内をしてくれているのに、一つ手前の分岐では一方の道がなかった。ひょっとしたら、矢印が別の方向を指していたのではないだろうか。そう考えた我々は、一旦分岐まで戻って矢印を確認することにした。

うーん……。矢印は、真上を指し示している。行き止まりだと思っていた地点を捜索すると、真上に上るための鎖が設置されているのを発見した。真上に向かうのは本来のコースではないが、〝馬の背〟という名所（？）が見られるようだ。これは是非行っておきたい。

大した高さではないのだが、鎖が錆びついていることと、鎖を固定する金具が一部変形し、O字型だったものがC字型に開いてしまっていることが、とても不安にさせる。これって、強度に問題はないのだろうか。

万が一落ちた場合、幅1メートル弱の道の上に落下すれば大丈夫なのだが、道を飛び越えたり、道でバウンドして谷底に向かってしまえば、確実に命はない。恐る恐る登っていたが、数メートル登ったところで鎖がなくなってしまった。多少角度がなだらかになったからって、この状況で鎖をなくさないで欲しい。

「これは無理！」と判断し、撤退。

それでも馬の背を諦めたくなかった私は、来た道を大幅に戻って、馬の背の反対側に回り、再び挑戦することにした。

回り込んだところで、馬の背に行くには、やはり鎖で垂直に登るしかないらしい。苔で滑りそうになりながらも、5メートルほど登ればフラットな場所にたどり着いた。そして、馬の背が見えた。

馬の背……せせり立った尾根上の、限りなく狭い道。右に落ちても左に落ちても、奈落

馬の背という名にふさわしい光景である。

の底へ一直線だ。確かに、馬の背中のように見える。これは見た人にしか分からないが、見た瞬間に血の気がひいた。一目見たとらさんは、「来た道を戻って反対側で待ってますんで、よろしく」と言い残して去っていった。

ここまで来たら馬の背を越えるしかないのだが、決して越えたいとは思わない。楽しみに来ただけのに、なぜ行きたくもない高所ばかりに来ているのだろうか。

覚悟を決めて、カメラをリュックの中にしまい、鎖に手をかける。鎖を固定している支柱がグラグラと揺れる。鎖は非常時のみ頼りにしようと考え、ただ掴んでいるだけの状態にして、基本的にはバランスを保って少しずつ、ゆっくりと歩いてゆく。

下を見たら歩けなくなりそうなので、自分の足元と一歩先の地面だけを直視し、それ以外のものは極力見ないようにして進んだ。なので、景色は一切見ていないし、楽しくもない。なぜ自分はこんなことをしているのだろうかと、自問するばかりであった。グラつく鎖を握り締めながら歩き、ついに馬の背を通り抜けた。距離にすればたかだか数十メートルぐらいだが、とてつもなく長く感じた。

最大の難関を突破したとはいえ、まだ安心はできない。この先には、一度は登るのを断念した難所が待ち構えているのだ。馬の背だけは二度と通りたくないので、絶対に通り抜けたい。気合を入れ直して、難所に挑む。

頼りになる鎖がない状況で、道でも何でもない岩場の上を進んでいると、みるみる下り勾配がきつくなってくる。その勾配の先を見ると、否が応にも谷底が目に入る。一度足を滑らせれば生命に関わるという状況で、そのまま進む勇気はなく、姿勢をなるべく低くして下ることにした。

慎重に下っていると、どこからかとらさんの声が聞こえてきた。

「隊長、しばらくそのまま動かないで。今、いい感じですよ」

どうやら、写真を撮られているらしい。こっちはそれどころではないが、ゴールが近いことが分かり、少しほっとした。

とらさんのＯＫが出たので腹ばいで移動し、ようやく最後の鎖に手が届いた。鎖を使っ

とらさん的にはこれは「いい感じ」らしい。

て垂直に降りれば、そこはもう見覚えのある場所だ。

先回りしていたとらさんが、「いや〜、下から眺めてるほうが楽しいですよ」とのんきなことを言っている。できることなら、自分もそうしたかった。

神経が磨り減ったので、しばらく休憩することにした。気がつけば、時刻は既に11時を回っている。休憩は5分少々で切り上げ、再び切り立った突端へと向かった。岩場の下へ向かうには鎖があるので、この程度なら余裕だ。その先も険しい道が続くが、馬の背を経験していれば、もう怖いものなど何もない。

「さあ、何でも来い！」

強気で歩いていたが、前方を見てすぐに前言を撤回した。

またしても鎖場だ。今朝見た鎖場は見学のために通る迂回ルートであって、本ルートではない。しかし、今回の鎖場は紛れもなく本ルート上にあり、これを越えなければ先に進むことができない。今朝の鎖場に比べれば道幅は広く、50センチ程度であるが、高度は格段に高い。

「いやいやいやいや……」と言いながら引き返し、進路をとらさんに譲る。すると、とらさんも、

「いやいやいや……」と戻ってきた。今朝と全く同じことを繰り返しているようだった。

　とらさんが、「ここで待ってましょうか？」と聞くので、「いや、無理」と答え、瞬時に撤収が決まった。ここまで来てコンプリートできないのは悔しいが、やむを得ない判断だった。

これはさすがに無理！

　それにしても、この競秀峰は、なんて場所なのだろうか。山全体が修行場そのものだ。それが観光客に開放されていて、注意を喚起する看板すら立っていないなんて、面白すぎるじゃないか。

　車に戻ってくると、既に正午を回っていた。もうこれで終了にしてもいいのかもしれないが、九州なんて、めったに来ることができない。そう考えると、可能な限り行

きたい場所は押さえておきたい。

◆削った岩の隙間に建つ寺

次に向かったのは、青の洞門を開削した禅海和尚が修行していたとされる羅漢寺だ。

私が行きたいと思った動機は、何も青の洞門のルーツを探るだけではなかった。この羅漢寺は絶壁をえぐったような場所に建っており、競秀峰の景色と重なるものがあったからだ。また、寺院内には数千体にも及ぶ石仏が安置されているという。

リフトでお寺へ行くというのもなかなか貴重な経験だ。

車で5分ほど走り、羅漢寺の駐車場に到着。駐車場には我々以外に人影はなく、車も数台しか駐まっていない状態で、非常に閑散としていた。腹も減っているが、絶壁に建つお寺と数千体の石仏を見たいという欲求が食欲より勝り、まずは羅漢寺を目指すことにした。

しかし、よく考えてみると、羅漢寺は山の中腹にあるため、駐車場からの道のりは長い。

絶壁に建つ羅漢寺。写真ではスケールの大きさが伝わりにくいのが残念だ。

延々と続く石段を見て弱気になりかけた時、〝リフト乗り場〟と書かれた看板が現れた。

民家の軒先、ひと一人通るのがやっとという道に回ると、本当にリフトが見えた。それも、ちゃんと動いていた。失礼ながら、現存していたとしても廃墟じゃないかと予想していただけに、本当に驚いた。

朝からの疲労と空腹のせいもあって、迷うことなくリフトの乗車券を買った。長い階段を楽々カットし、羅漢寺駅に降り立った。駅前には、かつて売店があったようだが、随分前から閉店したままのようだ。

歩道を歩いていると、すぐに羅漢寺が見えてきた。その瞬間、私もとらさんも、明らかに興奮していた。

本当に、絶壁に建っている。絶壁を削って平らにした部分に無理やりお堂を建てたような感じだ。それも、岩を削り切れておらず、お堂の屋根の上には、岩が大きくせり出している。何と形容したらいいのか分からなくなるような、素晴らしい眺めだった。

しばらく見とれていたが、時間もないので中へ乗り込む。

最初に見えてきたのは、五百羅漢だ。岸壁を削り取った空間に、五百体もの石仏が安置されている。

五百羅漢の前にはおみくじやお守りの授与所があり、和尚さんが常駐していた。我々のほかには誰もいなかったので、ゆっくりと和尚さんにお話を聞くことができた。

年季の入った和尚さんの話は本当に奥が深く、感心しきりだった。羅漢寺のことと禅海和尚、そして青の洞門のことなどをひと通り聞き終わったら、最後に願掛けをした。

ここ羅漢寺では、木製のしゃもじに願い事を書いて、お堂の柱に釘で打ち付けるというシステムになっている。

これは五百羅漢のごく一部。フレームの外にも数多くあった。

早速願い事を書き込み、金づちで打ち付けたところ、木製のしゃもじが真っ二つに割れてしまった。これは、縁起でもない。見ていた和尚さんが「これは……」と絶句しながらも、新しいしゃもじと交換してくれた。今度は割れることなく、きちんと刺さった。

◆言ったことは実行する

五百羅漢に圧倒されたあと、本道を進むと〝阿弥陀堂庭園めぐり〟の入り口があった。中に入ると、岩場を切り開いて造ったスペースに色々な展示がされていた。その中でも異彩を放っていたのが〝地獄箱〟だ。

他人や社会に対する恨みつらみを書き連ねてこの箱に投入することで、恨みを捨てられるという。中に入っている手紙の内容がとても気になったが、頑丈な南京錠により施錠されており、プライバシーの保護は万全だった。

お堂の中をひとしきり見学したのち時計を見ると、もう1時半になっていた。まだ、山頂の見学が残っている。早く飯を食いたいという一心でリフトに乗った。山頂に着くと、微妙な草原の隅に展望台が設置されていた。展望台の他には……何もない。皆無だった。もう思い残すことはないので、リフトで山を下り、いよいよ昼食を摂ることにした。時刻は午後2時半、駐車場の前で1軒だけ営業していたお土産屋さんに入る。中で食事もできるようになっていて、地元の名物だという〝だんご汁〟を早速注文した。

正直、この手の土産物屋に併設されたお食事処には、あまり期待していなかったのだが、出てきただんご汁は空腹であったことを差し引いても、美味しかった。たっぷりの野菜の上に、七味をかけて食べれば、体が芯まで温まる。

幸福感に満たされた我々は、まだ九州にいるのだという現実に向き合い、どのルートで岐阜まで帰るのか、検討を始めた。

その時、不運にも思い出してしまったことがあった。

「そういえば、今朝、橋を見るって言ってましたよね……」

恐る恐る切り出すと、とらさんも、

「あ～そうだった。よりによって、今思い出しますか?」

帰る前に寄る場所が増えてしまったので、帰る段取りは後回しにして、橋に向かう。

山国川に沿って走る国道212号で上流に向かうと、すぐにアーチ橋が見えてきた。石積みの立派な3連アーチだ。

橋の上を通過するだけだと普通の橋に見えるが、側面を見ると非常に年代を感じさせる。日が傾き始め、オレンジ色の光を浴びた石積みが、キラキラと輝いている。

このままじっと眺めておきたい心境だったが、言わなければならないことがあった。

「ここ、今朝見た橋とは違いますね」

我々が今朝見た橋は、もっと上流にあった。橋の雰囲気は似ているが、位置が違うことは明白だった。

我々のターゲットだった馬渓橋。

走ること数分で、またもやアーチ橋が見えてきた。今度こそ、今朝見たものに間違いない。先ほどの羅漢寺橋と同じように見えるが、こちらは馬渓橋といい、５連アーチになっている。

さあ、これであとは岐阜まで帰るだけだ。今朝の段階では、午前中に終わるなどと言っていたが、現在の時刻は午後４時。結局、丸１日楽しむことができた。

小倉から高速に乗れば、深夜には自宅に着くだろう。運転中、眠気に襲われたら、競秀峰のことを思い出そう。そうすれば、眠気なんて一瞬で吹き飛んでしまう。最強の眠気対策が思いついたところで、我々は帰路についた。

【秘境.11】秋田県湯沢市

川原毛地獄

【毒ガスに覆われた秘境】

秋田にある景勝地で、荒涼とした大地から蒸気が噴出している、いわゆる地獄。青森の恐山、富山の立山とともに日本三大霊地に数えられている。マイナーな存在ではあるが、天然温泉の滝〝川原毛大湯滝〟など、ダイナミックな景色を体感することができる。

◆秘境と秘湯の両方を楽しめる？

秋田県湯沢市に、その地獄は存在する。荒涼とした大地から蒸気が吹き出し、まさに地獄のような光景が広がっている。青森の恐山、富山の立山とともに日本三大霊地に数えられているが、他の二つに比べて知名度は低く、私もその存在を知らなかった。では、なぜ知ったのかというと、そこに秘湯があったからだ。

大地から蒸気が噴出しているので、当然温泉も湧いている。ただし、川原毛には温泉街がなく、温泉宿や日帰りの入浴施設も存在しない。ただ屋外に温泉が流れているだけなのだ。源泉は94・5℃と非常に熱く、それが川に流れ込むことによって適温になっている。つまり、川原毛温泉に入るということは、川の中に入ることを意味する。

さらに凄いのは、温泉の川が滝になっていることだ。〝川原毛大湯滝〟といい、落差20メートルもある天然温泉の自然滝が存在する。温泉の滝というのは、全国的にみても非常に珍しい。

私は、行きたいと思ったらすぐに行かないと気がすまない性格をしているので、川原毛地獄のことを知ったその日のうちに、現地に行く計画を立てていた。ただ、私の住んでいる岐阜から川原毛地獄までは、遠い。

さすがに、今すぐ行く、ということはできないが、幸いにも翌週にはゴールデンウィークが控えていたので、これを利用しない手はないだろう。1日でも早く行きたいので、ゴールデンウィークの初日に訪れることにした。仕事を終えたその足で出発すれば、翌朝には到着するだろう。

一つ気がかりなのは、川原毛地獄へのアクセス道路が5月中旬まで通行止になっていることだ。ゴールデンウィークまでには開通するだろうと高を括っていたが、距離的な問題もあって失敗は許されない。念のため湯沢市の観光課に電話で問い合わせてみた。

すると、例年ゴールデンウィーク後の5月下旬頃まで冬季閉鎖が続き、今年も同じだろうとのこと。車が無理となれば、歩いて行くとどのぐらいなのかと食い下がってみたが、「残雪が多いうえ、片道5キロ以上あるので歩いて行くのは無理」と言われてしまった。

無理と言われれば、なおさら行きたくなってしまうのが人の性というもの。相当困難な道のりになると覚悟していたが、出発の前日になって良いニュースが飛び込んできた。現地に入る前日の午前10時に、冬季閉鎖されている区間の一部が解除され、川原毛地獄の入口まで車で行けるようになるという。情報源は日本道路交通情報センターなので、間違いないだろう。ただ、車で行けるのは川原毛地獄の入口までで、そこから大湯滝まで1キロほどの道のりがある。歩く距離が大幅に短縮されたとはいえ、まだ油断はできない。

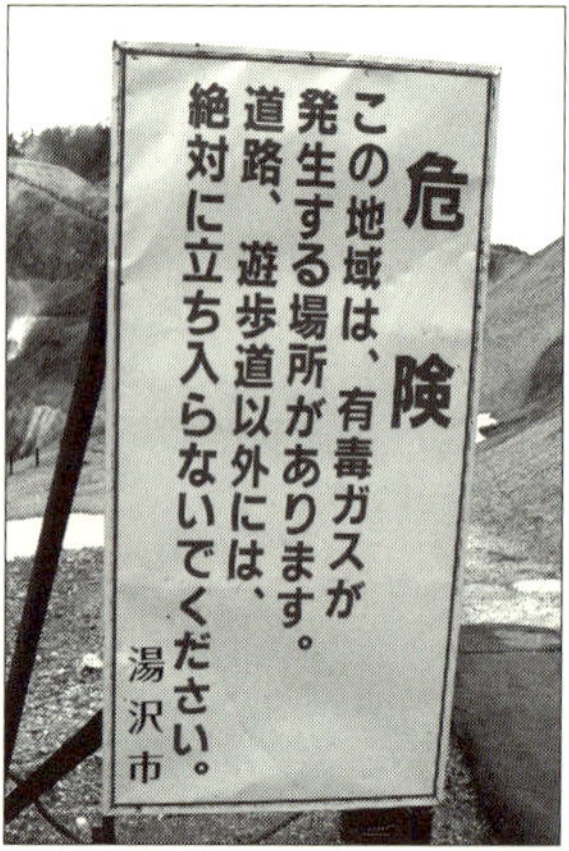

事故を防ぐために設置された看板。

岐阜を出発して10時間、途中で仮眠しながら東海北陸道、北陸道、磐越道、東北道、秋田道、湯沢横手道路を走り抜け、ついに秋田県湯沢市に入った。

◆有毒ガスの中にある温泉

高速を下りると、しばらくは国道398号を走る。市街地を抜けて山間部に入ったところで県道51号に入り、県道310号へと進む。県道310号に入ると、間もなく泥湯温泉に到着する。泥湯温泉は温泉宿が3軒だけという非常にこぢんまりとした温泉地で、旅行雑誌ではよく〝秘湯〟として紹介されている。

そんな泥湯温泉に差しかかった時、異様な光景が見えてきた。道路脇からは噴出している大量の蒸気により、路面が完全に見えなくなっている。道路の両サイドには蒸気の噴出に関する注意看板が立ち並び、これでもかというぐらいに注意喚起がなされている。

看板は〝蒸気発生のため視界不良通行注意〟という優しいものから、〝危険近寄るな！

蒸気異常噴出！　ヤケドまたは中毒をおこす危険性があるため、絶対に近寄らないで下さい。〃という過激なものまで様々。その中でも、〃危険　この地区は、有毒ガスが発生する場所があります。立入禁止区域には絶対に入らないで下さい。〃と書かれたものと、写真付きで立入禁止区域が丁寧に説明された看板が目についた。

看板によると、有毒ガスのほかにも、蒸気によるやけどや地盤のゆるみなどの危険もあるようだ。

　泥湯温泉という名称も、どこかで聞いたことがあるような気がしていたが、これらの立て看板を見て思い出した。

　２００５年の暮れ、ここ泥湯温泉において、硫化水素ガスにより一家４人が中毒死するという痛ましい事故が発生した。

　温泉の流れにより積雪が溶けて窪地ができ、宿泊に来ていた小学生がおもちゃを落としてしまう。拾おうと窪地に入ったのだが、そこに硫化水素ガスが溜まっていた。幼い兄弟２人と母親が次々と倒れ、最後に父親が子供を抱え上げて脱出したところで倒れた。結果、一家４人全員が死亡するという何とも痛ましい事故だった。硫化水

この光景は天国と地獄、どちらに近いのか。

素ガスの恐ろしさをまざまざと見せつけられた。

気をつけて蒸気が噴出している地点を観察した後、小さな温泉地を抜けると、道は上り坂になり、山へと突入してゆく。

これから先は昨日開通したばかりの区間で、積雪も一気に増えた。もう5月も目前だというのに、道路脇には1メートル近い雪の壁ができていた。確かに、この上を5キロも歩くのは、かなりきついだろう。距離もさることながら、急勾配だし、雪は道路上に平坦に積もっているわけではない。多量の雪が道路を埋め尽くし、削り取られた山の斜面を復元している。一歩足を踏み外せば崖下へ滑落……という事態になりかねない。

雪のかさとともに不安も高まっていたその時、川原毛地獄が見えてきた。植物が枯れ果てた白い岩肌からは蒸気が吹き上がり、その手前にはマリンブルーの小さな池ができている。思わず車から降り、その神秘的な光景に見入っていた。私の目にはとても地獄には見えず、まるで天国のように映った。

蒸気が強風に巻かれて周囲は真っ白になってしまっていた。

そのすぐ先に、川原毛地獄の入口があった。車を停めて早速見物に向かうが、念のためにアイゼンをリュックに詰め込んだ。雨がぱらぱらと落ちてきたが、ここまで来て天候など気にしていられない。

川原毛地獄は駐車した位置から目と鼻の先で、懸念していた積雪もほとんどない。こちらからは、先程のマリンブルーの池は見えず、岩肌というか砂肌からは蒸気が勢いよく噴出している。地獄と言われれば、地獄のような光景なのかもしれない。

ゆっくりと眺めながら写真を撮っていると、ぱらぱらと降っていた雨がぼたぼたと降り出し、とてつもない強風が吹き始めた。これは先を急いだほうがよさそうだ。

まずは川原毛地獄をくまなく見学したいとこ

ろだが、火山性ガスを含む蒸気が、暴風によって勢いよく通路に流れ込んできている。その通路の横には〝この付近は硫化水素ガスの濃度が高くなる危険がありますので立ち止まらないで下さい〟と書かれた看板もあり、蒸気で先が見えないような状態になっていた。

強い風が吹いているので安全だとは思うが、泥湯温泉での事故のことがどうしても頭に浮かんでしまう。念のために息を止めて蒸気の中を突っ切ることにした。蒸気が噴出している区間は意外と長く、走っていると息が苦しくなり、蒸気の最も濃いところで思いっきり深呼吸してしまった。これでは、完全に逆効果である。帰りは普通に歩くことにしようと、心に決めた。

火山性ガス区間を突っ切ると階段が続き、この地獄で最も高い尾根に出た。すると、これまで以上に激しい暴風が吹き荒れ、吹き飛ばされそうな勢いだったため、すぐに撤退した。再び蒸気に巻かれながらスタート地点に戻ってくると、ここが地獄と呼ばれている意味がよく分かった気がした。

相変わらず雨が降り続いているが、傘をさせるような風ではないので、ずぶ濡れになりながらも川原毛温泉を目指すことにした。川原毛大湯滝まで遊歩道が設置されているとの情報を得ていたので、それらしい道を探すが、見当たらない。大湯滝を示す立て札があったので、その矢印が指し示す方向を見ると、積雪の上に遊歩道の手すりの一部らしきものがわずかに顔を出していた。順調な道のりもここまでで、やはりというべきか、今回も雪との闘いになりそうだ。

雪は所々で溶けて地面が見えているが、日影になる場所では1メートル以上も残っている。この時期の雪は固まっているので、雪の上を楽に歩くことができる。これが新雪だったら、かんじきを履いていても深みにはまってしまい、一歩進むのにも苦労することだろう。

遊歩道に沿って立っている手すりが頭の部分だけのぞいている。

ただ、新雪と違って非常に滑りやすいし、雪崩にも警戒しなければならない。そして、何よりも恐いのは、雪の下が空洞になっていて、落とし穴にはまることだ。普通だったら笑い話ですむのだが、この一帯では硫化水素ガスの餌食になってしまう。一呼吸するだけで意識を失い、その直後に逝ってしまうので、本当にシャレにならない。

何でこんなことになってしまったのか、自問しながらアイゼンを取り出し、靴に装着する。事前に秋田県出身の友人に助言を求めたところ、アイゼンは必須とのこ

あってよかったアイゼン。

とだったので、慌てて調達してきた。「アイゼンなんて大袈裟な……」と思っていたが、いま目の前の光景を見て、持って来てよかったと心から思った。

初めてのアイゼンだったが、意外と簡単に装着することができた。早速雪の上に乗ってみたが、かかとに大きなグリップ力ができて滑りにくい。まだ慣れていないので、つま先に体重をかけてしまうとズリズリと滑ってしまう。また、雪の表面は溶けかかっていて柔らかいため、アイゼンのスパイクが刺さっていても効果は限定的だ。

とはいえ、雪の多い場所では遊歩道が完全に埋もれて山の斜面と同じ傾斜になっていたので、本当に頼もしいアイテムだ。

滑落しても死にそうではない感じだが、どこまでも落ちていきそうな谷だ。この角度で雪の上を登ってくるのは大変だろうし、落ちた谷底に硫化水素ガスが溜まっているかもしれない。なるべくなら落ちたくはないので、慎重に一歩ずつ歩かざるを得なかった。

雪と戯れながら歩き、最後に雪渓の上を越えると、山の裏側に抜けることができた。川原毛地獄の頂上で吹き飛ばされそうになりながら見下ろしていた、あの景色が広がっている。こちらから頂上を見上げると、壮大な地獄の山が見える。木も草も生えていない白い山肌からは蒸気が絶え間なく上がっている。

相変わらず雨は降り続いているが、位置的な問題なのか、暴風はピタリと止んだ。雪も大部分が溶けていて、地面が顔を覗かせている。

ここからは、アイゼンを外して普通に歩けそうだ。これでもう、ヒヤヒヤしながら雪の上を歩かなくて済む。

安堵感から足取りも軽くなり、遊歩道の階段をテンポよく下りていくと、砂防ダムが見えてきた。この砂防ダムの脇をすり抜けると、いよいよ川原毛温泉が近づいてくる。

◆悲しき入浴

あいにくの雨模様だが、自宅を出発してから12時間近く、眠気や硫化水素、雪と戦いながら、ようやくここまで来ることができた。いやがうえにもテンションが上がる。はやる気持ちを抑えて、下に見える川へ近づいていった。

川からはほのかに湯気が立ち上り、これまで見たことのない情景を作り出していた。川辺には、石を積み上げただけの手作りの浴槽らしきものも見受けられる。長い道のりだったが、これで温泉に入れる。急いで川辺まで下りてゆき、まずは湯気が立ち上る川の様子を眺めた。温泉地に行くと、かけ流しか循環か、よく気にする人がいる。それが、ここ川原毛温泉では雄大な川として流れ続けているのだから、とんでもなく贅沢な話だ。そして、そんな贅沢な温泉を、今は私が一人で独占している。

大湯滝まで行けば脱衣所があるらしいが、この状況であれば人目を気にする必要もないだろう。ちょうど手作りの浴槽もあることだし、ここで入ってしまおう。背負っていたリュックを下ろし、腰を落ち着けた。

服を脱ぐ前に湯加減を確かめようと川に手を入れたのだが……冷たい！

「なんで？」と思うと同時に、「おいおいおいおい……」と思わず言葉を発していた。

確認のため、リュックから温度計を取り出し、浴槽の中へ差し入れる。温泉の快適な温度を確認するため、自宅から棒温度計を持ってきていた。温度計の赤いアルコールは、ゆっくりとしか上昇せず、10℃に届かないところで止まってしまった。9℃だった。とても温泉の温度ではない。

大湯滝はもっと下流側なので、さらに水温は低いだろう。入るなら、まだここがマシな

湯けむりの具合は上々なのだが、肝心のお湯の具合は…。

のだろうが、9℃の水風呂である。気合いを入れれば入れなくもないかもしれない。しかし、ここで体力を消耗してしまうと、それこそ帰路で滑落するかもしれない。かといって、ここまで来て温泉に入らないわけには……。

悩みに悩んだ末、妥協して足湯のみに留める決断をした。苦渋の選択だった。靴下を脱いでズボンをめくり、いざ足湯へ。

うっ、冷たい。それも、中途半端な冷たさだ。雪解け水ぐらい冷たければ話のネタにもなるのだが、刺すような刺激はなく、ただ単に冷たいのだ。最も残念な結果である。

雨が降りしきる中、冷たい川に足を突っ込んでいても疲れは取れないし、楽しくもない。また、川辺のあちらこちらからも蒸気が噴き出しており、川の部分は5～10メートルの窪地になっていて風も吹かないため、硫化水素中毒にも警戒しないといけない。一人で来ていることもあって、早々に引き上げることにした。単なる川に足を入れて、濡れた足を拭っている姿は、我ながら惨めだと思った。

再び砂防ダムを越え、アイゼンを装着して雪渓の上を歩く。来る時は、「帰りに湯冷めしたらどうしよう」などと考えていたが、その心配だけは無用になった。体が温まるどころか逆に冷えたというのに、湯冷めもへったくれもない。

往路は下り坂であったが、復路は上り坂になる。アイゼンを装着していると、かかと部分にグリップ力が発生するため、上り坂は意外と難しい。普通に歩くとつま先に力が入ってしまい、滑ってしまうからだ。とりあえず目的は達成できたので、ちょっとくらい滑り落ちてもいいかと思ってしまいがちだが、ここはぐっと耐えて慎重にクリアした。

山の裏側から正面に戻ってくると、相変わらず暴風が吹き荒れていた。最後は車に逃げ込むように避難した。

ここは、間違いなく地獄だ。最初に、まるで天国のようだなどと言っていた自分は、あまりにも川原毛のことを知らなすぎた。車の中でびしょ濡れになった上着を脱ぎ、タオルで頭を拭いてある程度の身支度をしたら、麓の泥湯温泉を目指した。

◆辿り着いたあたたかい場所

走ること数分で泥湯温泉に到着。目指していたのは、温泉旅館だ。もちろん、泊まるわけではない。ここ泥湯温泉では旅館で入浴のみの利用が可能で、料金も３００円と格段に安い。冷水の足湯と暴風雨で冷えきった体を温めようと、泥湯温泉に救いを求めたのだった。

二つの旅館が隣り合っていて、どちらにも〝入浴だけでもできます。大人３００円〟の表示がある。どちらでもよかったのだが、山際に近い豊明館を訪ねた。

駐車場に車は1台もおらず、戸を開けて「すいませーん」と大きな声で呼び、ご主人に３００円を支払って離れの温泉場を教えてもらった。

温泉場の戸をくぐると、ちょっとした休憩スペースがあり、その先で男湯と女湯に別れている。昔ながらの街の温泉というレトロな雰囲気で、人の気配は全くない。川原毛温泉に続き、泥湯温泉も私一人の貸し切りだった。

救いとばかりに駆け込んだ泥湯温泉の中の一軒。

脱衣所で服を脱いで、いざ風呂場に入る。風呂場にシャワーやカランなどはなく、洗い場には広い板張りの床があるだけだ。木製の浴槽からは、もうもうと湯気が上がり、源泉がちょろちょろと流れ込んでいる。なんて最高のシチュエーションだろうか。温泉らしい温泉の姿に、感動すら覚えた。

入浴前に、桶にすくった湯を使って、板張りの床の上で体を洗う。床板は濡れておらず、少なくともここ数時間は誰も入っていないようだ。誰もいないし、早く入りたいところだが、入浴前に体を入念に洗うのは、最低限のマナーだ。

全身を洗い終えたところで、いざ入浴。足先をつけてみるが、熱い。先ほどの川原毛温泉とは対照的な熱さだった。体が冷え切っていることもあって、必要以上に熱く感じるのかもしれない。少しずつ体を慣らしながら入っていくと、浴槽の底に沈んでいた湯の華がふわっと舞い上がった。

体が慣れてもなお熱く、ずっと入っているとのぼせそうだが、すぐに上がるのはもったいない。温泉はヌメリ感があって肌触りがいいし、何よりもこの雰囲気が最高だ。一つしかない湯船に出たり入ったりを繰り返し、充分に泥湯温泉を堪能したところで風呂から上がった。冷め切っていた体はホクホクになっていた。１０００キロ運転したうえ、嵐の中で雪と戦ったり、冷たい川に足を突っ込んだりした疲れが、すべて吹き飛んだようだ。

母屋のご主人に挨拶してから車に乗り込む。さあ、疲れも取れたことだし、どこへ行こうか。ゴールデンウィークはまだ始まったばかりなので、本州最北端を目指して、青森まで走ろうか。

しかし、ハンドルを握るや否や、意識を失いそうになった。硫化水素ガスではなく、猛烈な眠気に襲われたのだ。こんな状態で運転していては危ないので、直近のパーキングエリアに入り、仮眠を取ることにした。車の中だというのに、なんとも心地の良い眠りだった。

秘境の探索は、時に困難だったり、危険だったり、疲労を伴うこともあるが、必ずそれに応えるだけの充実感や達成感、そして感動が味わえる。まれに期待を裏切られることもあるが、それも楽しみの一つ。これだから秘境巡りはやめられない。

この日本には、知られざる秘境が数多く存在している。秘境の旅は、まだ終わりそうにない。

趣向を凝らした温泉もいいが、私はこうした昔ながらの温泉の方が親しめる。

【著者紹介】

鹿取茂雄（かとり　しげお）

昭和52年生まれ。岐阜県在住の会社員。薬品メーカーに勤務し、研究開発業務に従事。酷道の趣味をきっかけに、廃墟や事件現場にも興味を持つようになった。酷道巡りと廃墟探索、事件・事故現場へ急行することがライフワークになっている。週末は四人の子供との家族サービスが中心だが、月に一度は許可をもらって趣味の日を設けている。著書に『酷道を走る』『廃線探訪』（小社刊）がある。

封印された日本の秘境

平成27年5月7日　第1刷

著　者　鹿取茂雄

発行人　山田有司

発行所　株式会社　彩図社《さいずしゃ》

〒170-0005　東京都豊島区南大塚3-24-4 MTビル
TEL:03-5985-8213
FAX:03-5985-8224

印刷所　新灯印刷株式会社

URL：http://www.saiz.co.jp
http://saiz.co.jp/k（携帯）→

 ISBN978-4-8013-0043-9 C0126

本書は平成22年12月に弊社より刊行した書籍を再編集・文庫化したものです。